Michael Finkel

Der Ruf der Stille

GOLDMANN
Lesen erleben

Buch

Im Sommer 1986 begibt sich Christopher Knight auf einen Roadtrip von Massachusetts nach Maine und verschwindet dort in den Wäldern. 27 Jahre lang bleibt er dort, abgeschieden von der Welt, ohne menschlichen Kontakt. In einem einfachen Zelt übersteht er die härtesten Winter. Er bricht in Ferienhäuser ein, die sich in der Umgebung befinden, und versorgt sich mit Lebensmitteln, Kleidung und Büchern. Als unheimliches Phantom verstört er die Bewohner von North Pond – bis er nach fast drei Jahrzehnten gefasst wird. Der Journalist Michael Finkel hat das außergewöhnliche Leben des Chris Knight dokumentiert. Entstanden ist eine fesselnde Story, die das tief bewegende Porträt eines Mannes hinterläst, der sich seinen Traum erfüllte: ein Leben in vollkommener Einsamkeit und Stille.

Autor

Michael Finkel ist Journalist und Autor von »True Story – Spiel um Macht«, einem Thriller und gleichnamigen Kinofilm (2015). Er schreibt für National Geographic, GQ, Rolling Stone, Esquire, Vanity Fair, The Atlantic und The New York Times Magazine. Finkel lebt mit seiner Familie in Montana.

Michael Finkel

Der Ruf der Stille

Die Geschichte eines Mannes, der 27 Jahre in den Wäldern verschwand

Aus dem amerikanischen Englisch
von Joannis Stefanidis

GOLDMANN

Die amerikanische Originalausgabe erschien 2017
unter dem Titel »The Stranger in the Woods. The extraordinary story of the last true hermit.« bei Alfred A. Knopf, New York.

1. Auflage
Taschenbuchausgabe April 2019
Wilhelm Goldmann Verlag, München,
in der Verlagsgruppe Random House GmbH,
Neumarkter Str. 28, 81673 München

First published in the United States by Alfred A. Knopf,
a division of Penguin Random House LLC, New York.
Redaktion: Ralf Lay
Satz: Uhl + Massopust, Aalen
KF · Herstellung: kw
Druck und Einband: GGP Media GmbH, Pößneck
Printed in Germany
ISBN: 978-3-442-15974-1
www.goldmann-verlag.de

In Gedenken an
Eileen Myrna Baker Finkel

Wie zahlreich sind doch die Dinge,
derer ich nicht bedarf!

Sokrates (470–399 v. Chr.)

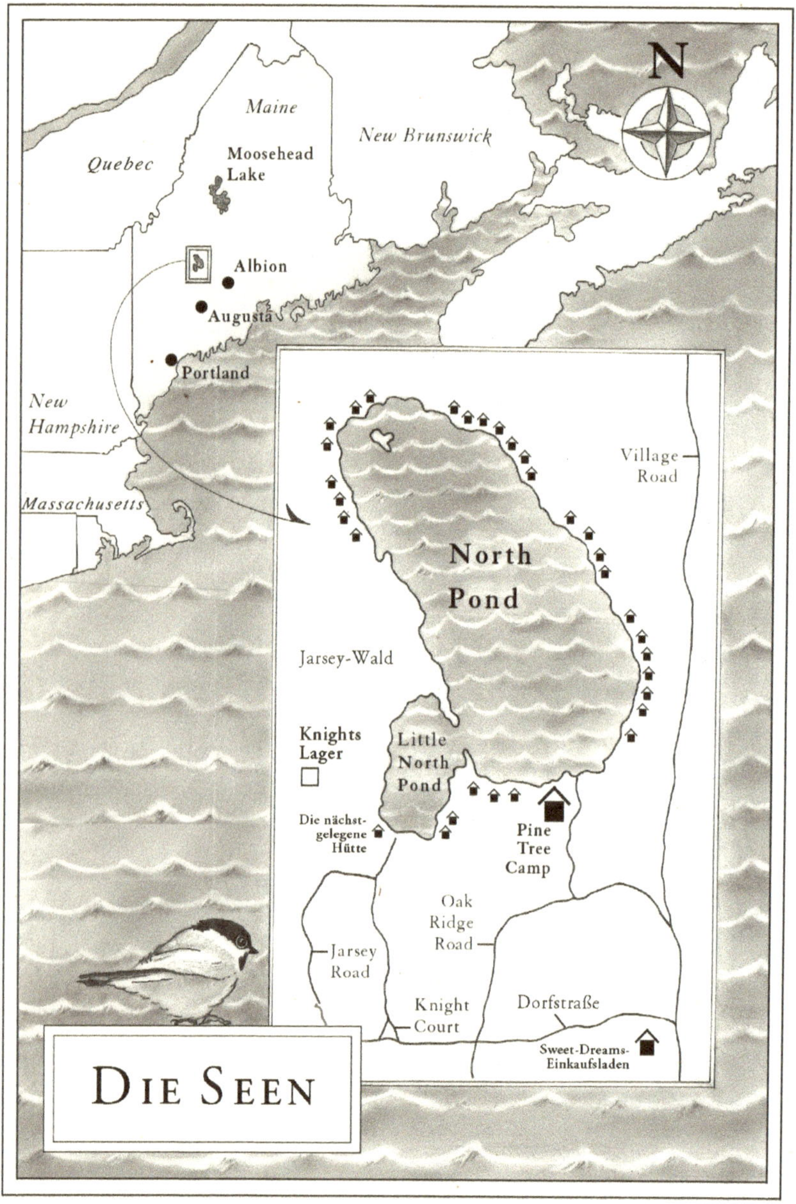

Maine
Quebec
Moosehead
Lake
New Brunswick
Albion
Augusta
Portland
New
Hampshire
Massachusetts
N
North
Pond
Village
Road
Jarsey-Wald
Knights
Lager
Little
North
Pond
Die nächst-
gelegene
Hütte
Pine
Tree
Camp
Oak
Ridge
Road
Jarsey
Road
Knight
Court
Dorfstraße
Sweet-Dreams-
Einkaufsladen

Die Seen

DAS LAGER
Toilette
Wasch-
felsen
Elefanten-
felsen
Müllgrube

1

Dürr sind die meisten der Bäume dort, wo der Eremit lebt, aber sie bilden ein dichtes Geflecht über riesigen Felsen, und überall liegt Windbruch, Mikadostäbchen gleich. Pfade gibt es keine. Voranzukommen ist beinah für jeden eine Tortur ohnegleichen, immer wieder schnellen einem Zweige entgegen, und bei Dunkelheit scheint dieser Ort undurchdringlich.

Es ist Mitternacht, der Eremit schultert den Rucksack und die Sporttasche mit dem Einbruchswerkzeug und verlässt das Lager. An seiner Halskette hängt eine Stiftleuchte, aber noch braucht er sie nicht. Er kennt die Gegend in- und auswendig.

Anmutig und präzise zieht er durch den Wald, windet sich, schreitet, selten knackt ein Zweig. Am Boden liegen noch schmutzige, von der Sonne ausgehöhlte Schneehaufen und Schlammschlicke – Frühjahr im zentralen Maine –, doch er weicht ihnen geschickt aus, springt vom Fels zur Wurzel und weiter zum nächsten Fels, ohne dass ein Stiefelabdruck zurückbliebe.

Eine einzige Fußspur schon würde ihn verraten, fürchtet der Eremit. Eine Existenz im Geheimen ist fragil, und ein kleiner Fehler kann genügen, um diese Existenz für immer zu beenden. Wer es ernst meint mit dem Eremitendasein, der hinterlässt keine Spuren. Zu riskant. Und so gleitet er wie ein Geist zwischen den Tannen, Ahornen, Birken und Ulmen hindurch, bis er irgendwann am Felsufer eines kleinen zugefrorenen Sees herauskommt.

Der See hat einen Namen, Little Pond oder auch Little North Pond. Doch den kennt der Eremit nicht. Er hat seine Welt auf das Wesentliche reduziert, und Namen sind unwesentlich. Mit den Jahreszeiten kennt er sich aus, ebenso mit den Mondphasen – heute Nacht ist der Mond weniger als halbvoll und abnehmend, eine Sichel nur. Normalerweise hätte er bis Neumond gewartet – dunkler ist besser –, aber sein Hunger ist zu groß geworden. Auch die genaue Uhrzeit kennt der Eremit. Er trägt eine alte Armbanduhr zum Aufziehen, damit er sich später rechtzeitig auf den Rückweg macht, um vor Tagesanbruch wieder im Lager zu sein. Obwohl er zuweilen auch Nachrichten mit seinen gestohlenen Radios empfängt, weiß er nicht auf Anhieb, welches Jahr es ist, wenigstens nicht ohne nachzurechnen.

Er beabsichtigt, den gefrorenen See zu überqueren, verwirft den Plan aber. Der Tag war relativ warm, knapp über dem Gefrierpunkt, und während er im Lager hockte, hat das Wetter gegen ihn gearbeitet. Festes Eis ist ein Geschenk, wenn man keine Spuren hinterlassen möchte. Aber dieser Hauch von Weichheit im Eis würde jeden seiner Schritte hineinstanzen.

Dann also der lange Weg, zurück in die Bäume mit den Wurzeln und Felsen. Er kennt das meilenweite Herumgekraxel um den kleinen See, manchmal geht es auch bis hinauf zum Nordufer des North Pond. Er kommt an einem Dutzend Blockhütten vorbei, bescheidenen Ferienhäuschen aus ungestrichenem Holz, dichtgemacht für die Saisonpause. In vielen davon ist er bereits gewesen, aber jetzt ist nicht der Zeitpunkt dafür. Bald eine Stunde lang zieht er weiter, ohne eine Spur oder einen zerbrochenen Zweig zu hinterlassen. Auf einige der Wurzeln ist er schon so oft getreten, dass sie ganz abgewetzt sind. Doch selbst wenn es einem Spurensucher auffiele, würde er ihn nicht finden.

Kurz vor seinem Ziel, dem Pine Tree Camp, bleibt er stehen. Das Ferienlager ist geschlossen, aber die Männer für die Instandhaltung waren da. Wahrscheinlich haben sie in der Küche ein paar Lebensmittel zurückgelassen, und von der letzten Saison ist bestimmt auch noch etwas übrig. Aus der Finsternis des Waldes heraus beobachtet er das Gelände, die Schlafbaracken, die Werkstatt, das Freizeitzentrum, den Speisesaal. Niemand ist zu sehen. Wie immer stehen ein paar Autos auf dem Parkplatz. Trotzdem, er wartet. Man kann nie vorsichtig genug sein.

Schließlich ist er bereit. Auf dem Gelände gibt es bewegungsempfindliche Scheinwerfer und Überwachungskameras, vor allem seinetwegen. Aber sie sind ein Witz. Ihr Einsatzbereich ist beschränkt – man muss nur wissen, wo sie sind, und sich fernhalten. Im Zickzackkurs durchquert der Eremit das Ferienlager und bleibt vor einem bestimmten Felsbrocken stehen, wälzt ihn herum, klaubt den darunter versteckten Schlüssel auf und steckt ihn zur späteren Verwendung in die Jackentasche. Dann erklimmt er den

Hang zum Parkplatz und versucht sich an den Türen der Fahrzeuge. Ein Ford Pick-up lässt sich öffnen. Er knipst die Stiftleuchte an und strahlt hinein.

Süßigkeiten! Immer gut. Zehn Smarties-Rollen stecken in den Becherhaltern. Er stopft sie in die andere Jackentasche. Des Weiteren nimmt er einen verpackten, ungeöffneten Regenponcho und eine silberfarbene Analoguhr von Armitron. Es ist keine teure Uhr – wertvolle Sachen stiehlt der Eremit nicht. Er hat einen Moralkodex. Aber eine zusätzliche Uhr ist wichtig. Wenn man bei Wind und Wetter im Freien lebt, gehen Dinge unweigerlich kaputt.

Er weicht einigen weiteren Überwachungskameras aus und erreicht die Hintertür des Speisesaals. Er stellt die Sporttasche mit dem Einbruchswerkzeug ab und zieht den Reißverschluss auf. In der Tasche liegen unter anderem zwei Messerspachtel, ein Farbhobel, ein Leatherman-Multifunktionswerkzeug, diverse Schraubenzieher und drei Taschenlampen. Er kennt diese Tür. Sie weist Kratzer und Kerben von früheren Besuchen auf. Er wählt einen Schraubenzieher und schiebt ihn knapp über dem Drehknauf in den Spalt zwischen Tür und Türrahmen. Eine gekonnte Drehung – die Tür springt auf, und er schlüpft hinein.

Die eingeschaltete Stiftleuchte steckt in seinem Mund. Er ist in der großen Küche des Camps, das Licht streicht über rostfreien Stahl, ein deckenhohes Gestell voll schlafender Pfannen. Er wendet sich nach rechts, geht fünf Schritte, nimmt den Rucksack ab und sondiert die Metallablagen an der Wand. Er nimmt zwei Packungen Kaffee, wirft sie in den Rucksack. Dazu ein paar Tortellini, eine Tüte Marshmallows, einen Frühstücksriegel und eine Tüte Humpty-Dumpty-Kartoffelchips.

Wonach ihn wirklich gelüstet, befindet sich am anderen Ende der Küche. Dorthin geht er als Nächstes, holt den Schlüssel heraus, den er unter dem Felsbrocken hervorgenommen hat, und schiebt ihn ins Schloss der Kühlraumtür. Am Schlüssel hängt ein vierblättriges Plastikkleeblatt, bei dem eines der Blätter halb abgebrochen ist. Ein dreieinhalbblättriges Kleeblatt, hoffentlich bringt es ihm auch so noch Glück. Er drückt die Türklinke hinunter und betritt den Kühlraum – und augenblicklich werden alle Strapazen seiner nächtlichen Mission belohnt.

Er hat gewaltigen, beinah gefährlichen Hunger. Die Vorräte in seinem Waldlager beschränken sich auf eine Handvoll Cracker, etwas gemahlenen Kaffee und ein paar Tütchen mit künstlichem Süßstoff. Das ist alles. Hätte er noch länger gewartet, hätte er vor Schwäche womöglich nicht mehr das Zelt verlassen können. Er leuchtet auf Kartons mit Hamburger-Bratlingen, auf Käseblöcke, auf abgepackte Würstchen und Bacon. Sein Herz vollführt einen Freudenhüpfer, und mit knurrendem Magen macht er sich daran, die Sachen in den Rucksack zu stopfen – ihm steht ein Festmahl bevor.

2

Terry Hughes' Frau stupst ihren Mann aus dem Schlaf. Er hört die Pieptöne und schießt wie eine Rakete aus dem Bett. Das Spiel beginnt. Kurzer Blick auf den Monitor, dann die Stufen hinabgefegt. Unten liegt alles parat: Pistole, Taschenlampe, Handy, Handschellen, Sneakers. Dienstgürtel. Dienstgürtel? Keine Zeit, vergiss den Gürtel. Spring in den Wagen und fahr los.

Nach rechts auf die Oak Ridge, nach einer halben Meile links rein, die lange Zufahrt zum Pine Tree Camp. Die Scheinwerfer sind ausgeschaltet, aber der Truck macht einen Heidenlärm, deshalb parkt er ihn am Wegrand und springt aus der Fahrerkabine. Zu Fuß weiter, er rennt, so schnell er kann, wenngleich weniger agil als sonst. Keinen Dienstgürtel zu tragen bedeutet, die Hände mit hinderlichen Dingen voll zu haben.

Dennoch prescht er im Höchsttempo auf den Speisesaal zu, über Felsbrocken hinweg, um Bäume herum, schleicht geduckt an eines der Außenfenster. Sein Herz schlägt wie das eines Kolibris – aus dem Bett bis ans Fenster in weniger als vier Minuten.

Hughes schöpft Atem. Dann hebt er vorsichtig den Kopf und späht in die dunkle Küche, versucht, etwas zu erkennen. Und er sieht etwas: eine Gestalt mit Taschenlampe, deren fahles Licht aus der offenen Kühlraumtür fällt. Könnte er es wirklich sein – nach all den Jahren? Er muss es sein. Hughes trägt noch seine Schlafanzughose und tastet rückversichernd nach dem angeklipsten Holster – ja, seine Waffe ist da, eine Glock .357 SIG. Geladen. Schussbereit.

Das Licht wird heller. Hughes erstarrt. Aus dem Kühlraum tritt ein Mann, der einen Rucksack hinter sich herschleift. Er ist nicht ganz das, was Hughes erwartet hat. Der Mann wirkt überaus gepflegt, ist frisch rasiert. Er trägt eine große nerdige Brille und eine wollene Skimütze. Unbesorgt schlendert er durch die Küche und bedient sich, als wäre er im Supermarkt.

Ein Ausdruck leiser Genugtuung huscht über Sergeant Hughes' Gesicht. Momente wie dieser sind rar gesät in der Polizeiarbeit, wie ihm nur allzu bewusst ist. Seit nunmehr achtzehn Jahren ist er Jagdaufseher in Maine, und davor hat er fast eine Dekade lang bei der Marine gedient. Man könnte ihm einen Doktortitel verleihen in Routinearbeit, Aktenabheften und ungelösten Fällen. Aber manchmal kommt dann eben doch der schöne Tag, an dem die durch Frustration erlangte Weisheit eine Dividende abwirft.

Vor einigen Wochen hatte Hughes sich entschlossen, das Regnum des Eremiten zu beenden. Er wusste, dass keine der gängigen Polizeimethoden zum Erfolg führen würde. Nach einem Vierteljahrhundert phasenweiser Nachforschungen – mit Suchmannschaften, Überflügen, bestäubten Fingerabdrücken, alles durchgeführt von vier unterschiedlichen Exekutivorganen (zwei County-Sheriff-Büros, der

Bundespolizei und dem Jagdaufseher-Service) – kannten sie noch nicht einmal den Namen des Eremiten. Deshalb redete Hughes mit Hightech-Überwachungsexperten und Privatdetektiven, sammelte mit Army-Freunden Ideen. Keiner der eingebrachten Vorschläge überzeugte ihn.

Hughes rief schließlich Bekannte an, die oben in Rangeley nahe dem Übergang von Maine nach Quebec als Grenzpatrouille arbeiteten. Wie sich herausstellte, war einer von ihnen gerade von einem Lehrgang zurückgekehrt, bei dem brandneue Geräte für die Homeland Security vorgestellt wurden, den Heimatschutz – Geräte, die eine bessere Methode zum Aufspüren von Grenzübertretern bieten. Hierbei, so erfuhr Hughes, handle es sich um eine sorgsam gehütete Technologie, die eigentlich zu ausgeklügelt sei für die Anforderungen eines Jagdaufsehers. Es klang ideal. Hughes versprach absolutes Stillschweigen über die technischen Details, und bald schon stapften drei Grenzpatrouillen in der Küche des Pine Tree Camps herum.

Sie versteckten einen Sensor hinter der Eismaschine, einen weiteren hinter dem Saftspender. Den Datenempfänger stellte man in Hughes' Haus, oben an der Treppe, damit die Alarmpieptöne in jedem Zimmer zu hören sein würden, und Hughes lernte den Umgang mit dem Gerät, bis er es praktisch im Schlaf bedienen konnte.

Aber das genügte nicht. Um den Eremiten dingfest zu machen, durfte Hughes sich nicht die kleinste Nachlässigkeit erlauben. Ein versehentliches Geräusch beim Anpirschen oder ein unbeabsichtigtes Aufblitzen seiner Taschenlampe, und sein Plan wäre wohl gescheitert. Er prägte sich die Standorte der bewegungsempfindlichen Scheinwerfer ein, suchte die beste Stelle, um den Wagen abzustellen, übte zigfach die Fahrt vom Haus zum Ferienlager, und mit jedem Probedurchlauf wurde er ein bisschen schneller. Er machte es sich zur Gewohnheit, jeden Abend seine Ausrüstung zurechtzulegen; nicht an den Dienstgürtel gedacht zu haben bewies dabei lediglich, dass auch er nur ein Mensch war. Dann wartete er. Es dauerte zwei Wochen. Die Pieptöne – die seine Frau Kim als Erste hörte – ertönten um kurz nach ein Uhr morgens.

All das – plus etwas Glück – für diesen einen perfekten Moment des Gesetzesvollzugs. Hughes späht durch das Fenster, während der Einbrecher systematisch seinen Rucksack füllt. Hier gibt es keine Grauzone, keinen bloßen Indizienbeweis. Er hat ihn auf frischer Tat ertappt. Und zwar ausgerechnet im Pine Tree Camp. Das Ferienlager ist für geistig und körperlich behinderte Kinder und Erwachsene ausgerichtet – eine gemeinnützige, von Spenden getragene Einrichtung. Hughes ist seit Langem ehrenamtlicher Mitarbeiter. Manchmal geht er mit den Leuten am North Pond angeln, fängt Forellen und Weißbarsche. Was für ein Mensch bricht wieder und wieder in ein Ferienlager für Behinderte ein?

Mit gesenktem Kopf schleicht Hughes ein Stück vom Gebäude weg und tätigt einen Anruf auf dem Handy. Jagdaufseher befassen sich für gewöhnlich nicht mit Einbruchsdelikten – bei ihnen geht es eher um illegale Jäger und verirrte

Wanderer –, und was er hier tut, ist in erster Linie eine private Besessenheit. Er bittet die Einsatzzentrale der Maine State Police, die Polizistin Diane Vance zu alarmieren, die sich ebenfalls der Suche nach dem Eremiten verschrieben hat. Sie sind seit einer Ewigkeit Kollegen, machten im selben Jahr den Abschluss an ihrer jeweiligen Akademie und haben seit nun bald zwanzig Jahren immer wieder miteinander zu tun. Sein Gedanke ist, dass Vance die Verhaftung übernehmen soll. Und den Papierkram gleich mit. Er schleicht zum Fenster zurück.

Der Jagdaufseher beobachtet, wie der Mann den Rucksack schließt und ihn auf die Schultern hievt. Er verlässt die Küche, verschwindet aus Hughes' Blickfeld in den großen leeren Speisesaal, geht anscheinend, wie Hughes mutmaßt, zu einem der anderen Ausgänge, nicht zu der von ihm aufgestemmten Tür. Instinktiv eilt Hughes um das Gebäude herum, dorthin, wo der Fremde offenbar herauszukommen gedenkt. Wie alle Türen des Holzbaus ist auch diese kirschrot gestrichen und hat einen grünen Türrahmen. Es ist mitten in der Nacht, Hughes ist allein, Sekunden entfernt von einem womöglich gewalttätigen Aufeinandertreffen. Es ist ein komplizierter Moment, eine heikle Entscheidung.

Was immer kommen mag, ob Faustkampf oder Schießerei, er ist bestmöglich darauf vorbereitet. Hughes ist vierundvierzig Jahre alt, aber noch immer stark wie ein junger Rekrut, mit soldatisch kurzem Haar und nahezu faltenlosem Gesicht. An der Maine Criminal Justice Academy unterrichtet er Defensiv-Nahkampf. Auf keinen Fall wird er beiseitetreten und den Eindringling ziehen lassen. Die Gelegenheit, ein gerade stattfindendes Verbrechen zu vereiteln, überwiegt alle Bedenken.

Wahrscheinlich ist der Einbrecher ein Army-Veteran, denkt Hughes, und darum vermutlich bewaffnet. Vielleicht zeigt er im Kampf das gleiche Geschick wie im Waldleben. Hughes hält die Position an der kirschroten Tür, die Glock in der rechten Hand, die Taschenlampe in der linken, den Rücken an die Wand des Gebäudes gepresst. Er wartet, geht alle Eventualitäten durch, bis er ein leises »Klick« vernimmt und der Türknauf sich dreht.

Der Einbrecher tritt aus dem Gebäude, und Hughes knipst seine Maglite an, strahlt ihm damit direkt in die Augen und zielt mit der Glock auf die Nasenwurzel, die Pistolenhand auf die mit der Taschenlampe gestützt, die Arme ausgestreckt. Die Männer trennt etwa eine Körperlänge, weshalb Hughes einige Schritte zurückweicht – er will nicht, dass der Kerl sich auf ihn stürzt –, während er wütend immer wieder einen Befehl brüllt: »Auf den Boden mit dir! Auf den Boden mit dir! Auf den Boden mit dir!«

3

Während Diane Vance durch die Dunkelheit zum Pine Tree Camp fährt, weiß sie nur, dass Terry Hughes in einer riskanten Lage steckt. Ohne Unterstützung hat er einen Mann gestellt, der die erstaunliche Gabe besitzt, sich in Luft auflösen zu können. Sie ist sich ziemlich sicher, dass der Kerl bei ihrer Ankunft verschwunden sein wird. Oder Schlimmeres. Er könnte eine Waffe haben, und er könnte sie benutzen. Deshalb trägt sie eine kugelsichere Weste. Hughes trägt bestimmt keine, glaubt sie.

Vance braust an Hughes' waldgrünem Service-Pick-up vorbei, der auf der Zufahrt zum Ferienlager am Wegrand steht, und fährt direkt am Speisesaal vor. Niemand zu sehen. Vorsichtig entfernt sie sich vom Einsatzwagen und ruft: »Sergeant Hughes? Sergeant Hughes?«

»Ich habe einen ›zehn-sechsundvierzig‹«, erschallt seine Antwort – der Polizeicode für »Verdächtiger in Gewahrsam« –, und augenblicklich lässt Vances Anspannung um einige Grade nach. Um die Ecke des Gebäudes erblickt sie eine Vielzahl am Boden verstreuter Lebensmittel und einen auf dem Bauch liegenden Mann, dessen Arme auf dem Rücken verschränkt sind. Mit Hughes konfrontiert, hat der Einbrecher sich widerstandslos auf den kalten Zement gelegt. Aber noch ist er nicht vollständig in Gewahrsam.

Der Mann trägt eine dicke Winterjacke, deren Ärmel mit Hughes' Versuchen kollidieren, ihm Handschellen anzulegen. Vance kommt ihm zu Hilfe und legt dem Mann erfolgreich ihre eigenen Handschellen an, und jetzt ist er vollständig »zehn-sechsundvierzig«.

Die Beamten helfen ihm auf die Beine. Sie nehmen ihm alles aus den Taschen – die Smarties, die Armitron-Uhr, den Kleeblatt-Schlüsselanhänger –, durchsuchen den Rucksack und die Sporttasche nach Waffen. Er könnte ein Bombenleger sein, ein Terrorist, ein Mörder; Hughes und Vance sind auf alles gefasst. Sie finden nur einen Leatherman. Das Werkzeug hat eine Gravur als Erinnerung an die Pine-Tree-Camp-Übernachtung im Jahr 2000, vor dreizehn Jahren.

Der Mann folgt den Anweisungen der Beamten, beantwortet aber keine Fragen. Er vermeidet jeden Blickkontakt. In seinen Sachen finden sie keine Papiere. Doch er trägt eine Brieftasche bei sich, tarnfarbengemustert mit Klettverschluss. Darin befindet sich ein Packen Geld. Die Scheine sind sehr alt, einige modrig.

Es ist spät, zwei Uhr morgens, doch Hughes ruft den Leiter des Pine Tree Camps an, Harvey Chesley, der bekundet, sich sofort auf den Weg zu machen. Hughes besitzt einen Generalschlüssel, der ihm Einlass in den Speisesaal gewährt – Chesley hat ihm den Schlüssel freudig überlassen. Hauptsache, der Eremit würde geschnappt. Nun schließt Hughes eine Tür auf, schaltet das Licht ein und führt gemeinsam mit Vance den Einbrecher an den Ort zurück, den dieser gerade geplündert hat.

Der Speisesaal ist höhlenartig und verhallt, eine ausgedehnte Fläche aus blauem Linoleum unter einem Deckengewölbe aus gewaltigen Fichtenbalken. Es ist Saisonpause, und Tische und Stühle stehen gestapelt an den Wänden. Auf der zum See gewandten Seite gibt es Fenster, doch in der Dunkelheit ist nichts zu erkennen.

Hughes und Vance ziehen einen Metallstuhl in die Mitte des Raums und setzen den Mann darauf. Seine Hände sind weiterhin im Rücken gefesselt.

Sie schieben einen Klapptisch vor ihn, Vance setzt sich ebenfalls, Hughes bleibt stehen. Der Mann sagt weiter kein Wort. Seine Miene ist leer und ruhig. Es ist verstörend. Jemand, der gerade bei einem Einbruch erwischt und verhaftet wurde, sollte nicht still und teilnahmslos dasitzen. Hughes fragt sich, ob der Mann verrückt ist.

Der Mann trägt eine neu aussehende Jeans und einen grauen Kapuzenpulli, darüber eine ordentliche Columbia-Jacke, robuste Arbeitsstiefel. Er sieht aus, als wäre er gerade in der Shoppingmall einkaufen gewesen. Sein Rucksack ist von L.L. Bean. Einzig die Brille mit dem klobigen Gestell wirkt altmodisch. Nichts an ihm ist schmuddelig, am Kinn erkennt man kaum mehr als den Hauch eines Bartschattens. Er verströmt keinen wahrnehmbaren Körpergeruch. Sein schütteres Haar, überwiegend von der Wollmütze bedeckt, ist sauber geschnitten. Seine Haut ist seltsam bleich, an den Handgelenken sieht man mehrere Narben. Er ist etwas über einen Meter achtzig groß und breitschultrig, wiegt aber höchstens siebzig Kilo.

Wie viele der Polizisten, die nach dem Eremiten gesucht haben, hat auch Vance immer vermutet, das meiste an der Geschichte sei ein Mythos. Jetzt ist sie sich noch sicherer. Dieser Mann hier kommt nie im Leben aus dem Wald. Irgendwo hat er ein Haus oder ein Hotelzimmer und ist nur hergekommen, um das Ferienlager auszuplündern.

Wenig später trifft der Campleiter Chesley ein, ebenso die Männer, die für die Instandhaltung zuständig sind, und später noch ein weiterer Jagdaufseher. Chesley erkennt auf Anhieb die Uhr, die Hughes und Vance dem Verdächtigen abgenommen haben. Sie gehört seinem Sohn Alex, der sie auf dem Parkplatz in seinem Truck liegengelassen hat. Es ist kein kostbarer Zeitmesser, doch für Alex hat die Uhr einen ideellen Wert, denn er hat sie von seinem Großvater geschenkt bekommen. Die Armbanduhr am Handgelenk des Einbrechers beansprucht wiederum einer der Männer von der Instandhaltung, Steve Treadwell – er hat sie von der Sappi Fine Paper Company in Skowhegan zum fünfundzwanzigjährigen Jubiläum seiner Firmenzugehörigkeit erhalten.

Im Raum herrscht heller Trubel, und der Verhaftete verliert allmählich die Selbstbeherrschung. Er bleibt still sitzen, aber bald schon leidet er sichtlich, seine Arme zittern. Dann hat Hughes eine Idee. Die Festnahme war bedrohlich und traumatisch für den Mann, aber vielleicht gelingt es ja Vance, eine ruhigere Atmosphäre zu schaffen. Hughes schickt die Männer durch die Schwingtür in die Küche und lässt seine Kollegin mit dem Einbrecher allein.

Sie wartet eine Weile, bis sich die Aufregung gelegt hat.

Seit nunmehr achtzehn Dienstjahren – ihr gesamtes Berufsleben – hat sie den Fall des geheimnisvollen Eremiten gleichermaßen fasziniert und amüsiert verfolgt. Sie nimmt dem Mann eine Handschelle ab, sodass er seine Arme nach vorn nehmen und bequemer sitzen kann. Dann schließt sie die Handschelle wieder. Hughes erscheint mit einigen Wasserflaschen und einem Teller Keksen, zieht sich aber wieder in die Küche zurück. Nun nimmt Vance ihm die Handschellen vollständig ab. Der Mann trinkt etwas Wasser. Er ist mittlerweile seit anderthalb Stunden in Gewahrsam. Vielleicht ist ihm klar geworden, dass es diesmal kein Entkommen gibt. Ruhig und gelassen erklärt Vance ihm seine Rechte. Er hat das Recht zu schweigen. Sie fragt ihn nach seinem Namen.

»Mein Name ist Christopher Thomas Knight«, sagt der Eremit.

4

»Geburtsdatum?«

»7. Dezember 1965.« Es sind gestammelte rasselnde Laute, die aus seinem Mund kommen, eine alte Maschine, die anzuspringen versucht, jede Silbe ein Kraftakt. Aber immerhin versteht man ihn. Vance notiert das Datum.

»Alter?«

Erneut verfällt der Mann in Schweigen. Sein Name und sein Geburtsdatum sind beständige Relikte, fest verankert in seinem Gedächtnis. Sosehr man es auch möchte, alles kann man offenbar nicht vergessen. Die Jahre aber sind austauschbar, das hat er bewiesen. Also beginnt er nachzurechnen, zählt mit den Fingern ab. Okay, aber welches Jahr haben wir gerade? Sie lösen das Problem gemeinsam, er und Vance. Es ist 2013. Donnerstag, der 4. April. Christopher Knight ist siebenundvierzig Jahre alt.

»Adresse?«, fragt Vance.

»Keine.«

»Wohin schickt man Ihre Post?«

»Keine Post.«

»Welche Adresse tragen Sie in Ihre Steuererklärung ein?«

»Keine Steuererklärung.«

»Wohin schickt man Ihre Erwerbsunfähigkeitsschecks?«

»Keine Schecks.«

»Wo steht Ihr Auto?«

»Kein Auto.«

»Mit wem leben Sie zusammen?«

»Mit niemandem.«

»Wo wohnen Sie?«

»Im Wald.«

Vance ist klar, dass dies nicht der richtige Zeitpunkt ist, um die Richtigkeit seiner Angaben infrage zu stellen. Am besten lässt sie den Mann einfach reden. »Wie lange leben Sie denn schon im Wald?«, fragt sie ihn.

»Seit Jahrzehnten.«

Vance hätte es gern etwas genauer. »Seit welchem Jahr?«, hakt sie nach.

Schon wieder diese Jahreszahlen. Er hat sich entschlossen zu reden, und es ist ihm wichtig, sich streng an die Wahrheit zu halten. Alles andere wäre eine Verschwendung von Worten. Er konzentriert sich, schaut zu den Fenstern, hinter denen es noch immer stockfinster ist. Er erinnert sich an etwas.

»In welchem Jahr war das Reaktorunglück in Tschernobyl?«, fragt er.

Sobald er es ausspricht, wünscht er, es nicht gesagt zu haben. Jetzt wird die Polizistin ihn für einen durchgeknallten Umweltaktivisten halten. Dabei ist es doch nur ein Ereignis aus den Nachrichten, an das er sich zufällig erinnert. Aber das dafür nötige Vokabular abzurufen, um diesen Punkt klarzustellen, scheint ihm unmöglich. Deshalb lässt er es dabei bewenden. Vance schaut auf ihrem Smartphone nach: Tschernobyl war 1986.

»Da bin ich in den Wald gezogen«, sagt Knight. Vor siebenundzwanzig Jahren. Er hatte noch nicht lange die Highschool abgeschlossen, und heute ist er ein Mann mittleren Alters. Er erklärt, all die Jahre im Zelt gelebt zu haben.

»Wo?«, fragt Vance.

»Ein Stück entfernt von hier, irgendwo im Wald«, sagt Knight. Er hat nie den Namen seines Gartenteichs in Erfahrung gebracht, und deshalb weiß er natürlich erst recht nicht, in welcher Stadtgemeinde er sich befindet: in Rome, Maine, Einwohnerzahl eintausendundzehn. Allerdings kann er jede einzelne Baumart in seinem Wald benennen, und in vielen Fällen kann er sogar beschreiben, wie die Äste der verschiedenen Bäume angeordnet sind.

»Wo haben Sie die Winter verbracht?«, fragt Vance.

Er sei in seinem Nylonzelt geblieben, beharrt er, und in all den Wintern habe er kein einziges Mal ein Feuer entzündet. Der Rauch hätte seinen Standort verraten können. Jeden Herbst habe er einen Lebensmittelvorrat angelegt, und dann habe er sein Lager fünf oder sechs Monate lang nicht verlassen, bis der Schnee so weit geschmolzen war, dass er durch den Wald habe ziehen können, ohne Spuren zu hinterlassen.

Vance benötigt einen Moment, um das zu verarbeiten. Die Winter in Maine sind lang und extrem kalt – eine feuchte windige Kälte, die schlimmste Kälte überhaupt. Im Winter eine Woche zu zelten ist beeindruckend. Einen ganzen Winter im Zelt zu verbringen, so etwas hat es praktisch nie gegeben. Sie entschuldigt sich und geht durch die Schwingtür in die Küche.

Die Männer trinken Kaffee, behalten Knight durch das große rechteckige Türfenster im Auge. Vance berichtet ihnen, was er gesagt hat. Keiner ist sich sicher, wie viel man davon glauben könne. Bevor der Mann zu reden aufhöre, merkt Hughes an, sollten sie unbedingt erfahren, was er zu dem Einbruch zu sagen habe.

Vance kehrt zu Knight zurück, und Hughes öffnet die Tür einen Spaltbreit, um zu lauschen. Praktisch alle ihm bekannten Kriminellen streiten ihre Taten ab – sie schwören bei Gott, es nicht gewesen zu sein, selbst wenn man sie dabei beobachtet hat.

»Wie sind Sie in dieses Gebäude hineingelangt?«, fragt Vance den Mann.

»Ich habe mit einem Schraubenzieher das Türschloss geknackt«, sagt Knight. Um in den Kühlraum zu gelangen, fügt er an, habe er einen Schlüssel benutzt, den er vor einigen Jahren gestohlen habe. Er deutet auf den Kleeblatt-Schlüsselanhänger, der zwischen den anderen Sachen auf dem Tisch liegt.

»Woher stammt das Geld?« Vance meint die Scheine, insgesamt dreihundertfünfundneunzig Dollar, die sie gerade aus seiner Brieftasche genommen hat.

»Habe ich über die Jahre gesammelt«, sagt Knight. Hier und dort ein paar Scheine, überwiegend Eindollarnoten, von unterschiedlichen Einbruchsorten. Er habe gedacht, irgendwann müsse er vielleicht einmal in die Stadt gehen, um etwas Bestimmtes zu kaufen, aber dazu sei es nie gekommen. Er sagt, während der gesamten Zeit im Wald habe er kein einziges Mal Geld ausgegeben.

Vance bittet ihn zu schätzen, wie oft er in Blockhütten, Häuser oder in das Ferienlager eingebrochen sei. Es folgt ein langer Moment der Stille, während Knight nachzurechnen scheint. »Vierzigmal im Jahr«, sagt er schließlich. Siebenundzwanzig Jahre lang.

Nun ist Vance mit Kopfrechnen an der Reihe. Die Gesamtzahl der Einbrüche liegt bei über eintausend – tausendundachtzig, um genau zu sein. Jedes einzelne Mal eine Straftat. Beinah sicher ist es der größte Einbruchsfall in der Geschichte Maines. Was die Anzahl der einzelnen Einbrüche betrifft, ist es womöglich sogar der größte im ganzen Land. Vielleicht auf der ganzen Welt.

Knight erklärt, ausschließlich nachts in die Hütten eingestiegen zu sein, nachdem er gewissenhaft sichergestellt habe, dass niemand zu Hause sei. Er sei nie in ein Haus eingebrochen, in dem dauerhaft Leute wohnen, weil dort die Wahrscheinlichkeit höher sei, dass die Bewohner unerwartet auftauchen. Er habe die Einbrüche ausschließlich in Ferienhütten und im Pine Tree Camp verübt. Manchmal seien die Hütten nicht abgeschlossen gewesen; manchmal habe er ein Fenster oder eine Tür aufgestemmt. Allein ins Pine Tree Camp sei er bestimmt hundertmal eingebrochen. Er habe immer alles mitgenommen, was er fortschaffen konnte, aber es sei nicht viel gewesen, deshalb habe er regelmäßig zurückkehren müssen.

Vance erklärt Knight, er werde alle entwendeten Gegenstände zurückgeben müssen, und bittet ihn anzugeben, was ihm gehört. »Alles ist gestohlen«, sagt er. Sein Rucksack, seine Stiefel, das Einbruchswerkzeug, alle seine Lagerutensilien und jedes Kleidungsstück, das er trägt, bis hin zur Unterwäsche. »Das Einzige, was wirklich mir gehört«, sagt er, »ist meine Brille.«

Vance fragt, ob seine Familie in der Gegend wohne. »Das möchte ich lieber nicht beantworten«, sagt er. Er wisse nicht, ob seine Eltern noch leben – er habe zu niemandem Kontakt gehabt –, aber falls sie noch leben, hoffe er, dass sie nicht von seiner Ergreifung erfahren. Vance fragt ihn nach dem Grund, und Knight erklärt, er sei nicht zum Einbrecher erzogen worden. Er sagt, er schäme sich zutiefst.

Schließlich erklärt Knight, im zentralen Maine aufgewachsen zu sein. Er war nicht beim Militär. Er sagt, 1984 habe er an der Lawrence Highschool in Fairfield seinen Abschluss gemacht. Chesley, der Leiter des Pine Tree Camp, erklärt, seine Frau sei auf dieselbe Schule gegangen und habe dort zwei Jahre nach Knight graduiert. Irgendwo zu Hause müsste noch das Jahrbuch von 1984 liegen. Hughes bittet Chesley, nach Hause zu fahren und es zu holen.

Vance ruft die Einsatzzentrale an, damit Knight überprüft wird. Er hat kein Vorstrafenregister; es liegt kein Haftbefehl gegen ihn vor. Er ist nicht als vermisst gemeldet. Sein Führerschein ist 1987 an seinem Geburtstag abgelaufen.

Chesley kehrt mit dem Jahrbuch zurück, dem *Lawrence Lyre,* auf dessen marineblauem Buchdeckel in großen silbernen Ziffern eine »84« prangt. Das Jahrgangsfoto von Chris Knight, wie er dort heißt, zeigt einen Jungen mit zerzaustem Haar und großer, klobiger Brille. Er trägt ein blaues Poloshirt und lehnt mit verschränkten Armen an einem Baum. Er sieht gesund und kräftig aus. Seine Lippen umspielt weniger ein Lächeln als ein schiefes Grinsen. Bei den Sportteams und Schulclubs findet sich kein Foto von ihm.

Es ist schwer zu sagen, ob es dieselbe Person ist, die ihnen im Speisesaal des Pine Tree Camps gegenübersitzt. Knight erklärt, er habe seit Jahren nicht mehr sein Gesicht gesehen, außer vielleicht als verschwommene Reflexion im Wasser. In seinem Lager gebe es keinen Spiegel.

»Wie rasieren Sie sich denn?«, fragt Vance.

»Ohne Spiegel«, antwortet er. Er wisse nicht mehr, wie er aussieht. Blinzelnd starrt er auf das Foto. Man hat ihm die Brille auf den Kopf hochgeschoben, nun zieht er sie wieder auf die Nase hinunter.

In diesem Moment sind Hughes und Vance sich plötzlich sicher – ihr Bauchgefühl sagt es ihnen –, dass alles wahr ist, was sie heute Nacht gehört haben. Die Farbe des Brillengestells ist über die Jahrzehnte verblichen, aber der Jugendliche auf dem Foto und der Mann im Speisesaal tragen offenbar ein und dieselbe Brille.

Es ist jetzt nicht mehr lange bis Tagesanbruch, die Dunkelheit zeigt erste Risse. Bald schon wird das Rechtssystem Knight verschlucken, weiß Vance, und vielleicht wird er nie wieder offen sprechen. Sie würde gern eine Erklärung hören. Warum hat er die Welt hinter sich zurückgelassen? Aber Knight sagt, er könne ihr keinen konkreten Grund nennen.

Sie deutet auf die Narben an seinem Handgelenk. »Wie

haben Sie sich medizinisch versorgt?«, fragt sie. »Waren Sie jemals beim Arzt?«

»Nein, nie. Medikamente habe ich auch nie geschluckt«, sagt Knight. Als er älter wurde, erklärt er, seien Schnittwunden und Prellungen langsamer verheilt, aber ernsthaft verletzt habe er sich nie.

»Sie waren niemals krank?«, fragt Vance.

»Nein«, sagt Knight. »Man wird nur krank, wenn man Kontakt zu anderen Menschen hat.«

»Wann hatten Sie denn das letzte Mal Kontakt zu einem anderen Menschen?«

Einen körperlichen Kontakt habe es nie gegeben, antwortet Knight, aber irgendwann in den neunziger Jahren sei er im Wald einem Wanderer begegnet.

»Was haben Sie gesagt?«, fragt Vance.

»Ich habe ›Hi‹ gesagt«, entgegnet Knight. Davon abgesehen habe er bis heute Nacht siebenundzwanzig Jahre lang kein einziges Wort mit einem Menschen gesprochen und niemanden berührt.

5

Bei einigen Familien verschwanden als Erstes die Taschenlampen, bei anderen waren es Propangasbehälter. Oder Bücher vom Nachttisch oder Steaks aus dem Gefrierfach. In einer Hütte fehlten plötzlich eine gusseiserne Bratpfanne, ein Schälmesser und ein Kaffeebecher. Immer verschwanden die Batterien – meistens jede einzelne, die es in der Hütte gab.

Es war nicht lustig genug, um darüber zu lachen, aber auch nicht so schwerwiegend, um es als Verbrechen zu betrachten. Es lag irgendwo in der beunruhigenden Mitte. Vielleicht hatten die Kinder die Taschenlampen genommen. Du hast die Steaks doch ins Gefrierfach gelegt, oder? Der Fernseher war immerhin noch da, genauso der Computer, die Kamera, die Stereoanlage und der Schmuck. Kein Fenster, keine Tür wurde beschädigt. Ruft man die Polizei, und bringt man einen Einbruch zur Anzeige, alle Batterien und der Stephen-King-Roman seien verschwunden? Man tut es nicht.

Aber dann kehrt man im nächsten Frühling in seine Blockhütte zurück, und es ist nicht abgeschlossen, der Türriegel ist nicht draußen. Oder, wie in einem Fall geschehen, man hält plötzlich den abgebrochenen Warmwasserhahn in der Hand – einfach so, als wäre er nur locker aufgesteckt gewesen –, und dann betrachtet man die Spüle und das Fenster darüber und bemerkt auf dem Fensterbrett ein winziges Häuflein weißer Kringel, die aussehen wie Sägespäne. Dann bemerkt man, dass der Metallhaken am Fenster nicht eingehakt ist und dass der Fensterrahmen an der Stelle ein wenig abgeschmirgelt wurde.

Heiliger Strohsack, jemand war im Haus – und hat wohl, als er sich durchs Fenster hereinzwängte, versehentlich den Wasserhahn abgetreten und ihn wieder aufgesteckt, als sei nichts gewesen. Wieder fehlen keine Wertgegenstände, aber diesmal ruft man die Polizei.

Die Polizei sagt, sie wüsste über den Eremiten Bescheid und hoffe, den Fall schnell aufklären zu können. Den ganzen Sommer über hört man beim Grillen und an den Lagerfeuern ein Dutzend ähnlicher Geschichten. Gaskartuschen, Batterien und Bücher sind die Regel, aber manchmal fehlt auch ein Außenthermometer, ein Gartenschlauch, eine Schneeschippe oder eine Kiste Heineken-Bier.

Ein Ehepaar kehrte für den Sommer in seine Blockhütte zurück, und auf einem der Etagenbetten fehlte die Matratze. Das war rätselhaft. Durch keines der kleinen Fenster kann man eine Matratze schieben, nicht einmal annähernd. Aber die Eingangstür, die einzige Tür, war für den Winter abgeriegelt und zusätzlich mit einem Vorhängeschloss versperrt worden. Bei der Ankunft des Paars war die Tür unversehrt gewesen, das Vorhängeschloss intakt. Das Küchenfenster hingegen war behutsamst aufgestemmt worden. Die einzige halbwegs sinnvolle Erklärung war, dass der Dieb durch das Fenster eingestiegen war, die Bolzen aus den

Türangeln gezogen, die Tür von innen aufgedrückt und die Matratze nach draußen geschoben hatte. Danach hatte er die Tür wieder eingehängt und war durch das Fenster verschwunden.

Schnell wurde klar, dass das Pine Tree Camp das bevorzugte Ziel des notorischen Einbrechers war, sein persönliches Warenhaus. Die Schäden bei den Einbrüchen waren gering – keine zerbrochenen Fensterscheiben, keine Zerstörungen. Er war ein Dieb, kein Vandale. Wenn er eine Tür abmontierte, nahm er sich die Zeit, sie wieder anzubringen. Teure Gegenstände schienen ihn – oder falls es eine Frau war, *sie*, oder beide – nicht zu interessieren. Niemand wusste etwas Genaues. Aufgrund der Art der gestohlenen Gegenstände nannte eine Familie den Täter den »Mann aus den Bergen«, aber die Bezeichnung machte ihren Kindern Angst, deshalb änderten sie den Namen in »Hungriger Mann«. Die meisten Leute, darunter auch die Polizei, nannten den Einbrecher bald einfach nur den »Eremiten« oder, etwas formaler, den »Eremiten vom North Pond«. In einigen Polizeiberichten war die Rede von der »Legende des Eremiten«, und in Formularen, in die man den Vor- und Zunamen des Verdächtigen eintragen musste, hieß er »Eremit Eremit«.

Die Leute rund um den North Pond waren überzeugt, dass es sich beim Eremiten in Wahrheit um einen Nachbarn handelte. Der North Pond und sein kleiner Bruder Little North Pond liegen im zentralen Maine, weit entfernt von der im Sommer so übervölkerten Küste und den teuren Geld-Enklaven. Die Straßen entlang der Seeufer sind überwiegend unbefestigt und holprig, und im Umkreis von fast zwanzig Kilometern verteilen sich etwa dreihundert Blockhütten, von denen die meisten nur bei warmem Wetter bewohnt werden. Einige haben keinen Strom. Meistens kennen die Nachbarn einander, es gibt nicht viel Fluktuation. Manche der Grundstücke befinden sich seit hundert Jahren im Familienbesitz.

Einige Leute mutmaßten, hinter den Einbrüchen würden Jugendliche aus der Gegend stecken – ein Aufnahmeritual für die Gang, ein Jungenstreich. Andere meinten, die Aktionen seien das Werk eines asozialen Vietnamveterans. Wieder andere hielten es für wahrscheinlich, dass einer der Angestellten des Pine Tree Camps dahintersteckte. Außerdem waren da noch diese verdächtig aussehenden Hirschjäger aus einem anderen Bundesstaat. Es könnte auch einer jener Flugzeugentführer aus den siebziger Jahren sein, die heute noch auf der Flucht waren. Oder womöglich war es ein Serienkiller. Und was war eigentlich mit diesem Kerl, der immer ganz allein angelte – hat mal jemand in seiner Hütte nachgeschaut? Vielleicht liegt die geklaute Matratze ja bei ihm.

In einem Sommer hatte eine Familie eine Idee. Sie hängten einen Kugelschreiber an die Eingangstür und klebte eine handgeschriebene Nachricht an. »Bitte, brechen Sie nicht bei uns ein. Schreiben Sie auf, was Sie benötigen, dann stelle ich es Ihnen draußen hin.« Es wurde schnell ein kleiner Trend, und bald schon hingen bei einem halben Dutzend Blockhütten derartige Zettel an der Tür. Andere Leute hängten Einkaufstüten voller Bücher an die Tür, als wären es Spenden für die örtliche Bibliothek.

Die Nachrichten auf den Zetteln wurden nie beantwortet, die Einkaufstüten blieben unberührt. Die Einbrüche gingen weiter: ein Schlafsack, ein wärmeisolierter Schneemobilanzug, ein gesamter *National-Geographic*-Jahrgang, Batterien über Batterien, einschließlich der Blockbatterien aus Autos, Booten und Quads. Demselben Paar, dem die Matratze abhandengekommen war, wurde ein Rucksack gestohlen, was zu Panik führte – in dem Rucksack hatten sie ihre Reisepässe aufbewahrt. Dann sahen sie, dass der Einbrecher die Pässe herausgenommen und in einen Schrank gelegt hatte, ehe er mit dem Rucksack verschwunden war.

Schließlich beschlossen viele Familien, ihre Hütten aufzurüsten. Sie installierten Alarmanlagen und Lampen mit Bewegungssensor, verstärkten die Fensterrahmen, setzten stabilere Türen ein. Einige gaben Tausende von Dollars aus. Rund um die beiden Seen hielt eine neue Redewendung Einzug in den Sprachgebrauch der Leute – »etwas eremitensicher machen« –, und in der Gemeinschaft verbreitete sich ein ungewohntes Misstrauen. Familien, die nie ihre Türen abgesperrt hatten, taten es fortan. Zwei Cousins, die nicht weit voneinander entfernt zwei Blockhütten besaßen, beschuldigten sich gegenseitig, die Gaskartuschen des jeweils anderen zu stehlen. Mehrere Leute glaubten, sie selbst würden vor lauter Schusseligkeit ständig Gegenstände verlegen, und sagten halb im Scherz, allmählich müssten sie sich wohl Sorgen um ihren Verstand machen. Ein Mann hielt seinen eigenen Sohn für den Einbrecher.

Das »Matratze-und-Rucksack-Paar« beschloss, die Fenster und die Tür ab jetzt *immer* zu verriegeln, ganz gleich, wie stickig es drinnen wurde, selbst wenn sie nur für kurze Zeit die Hütte verließen. Ende des Sommers kehrte ein Mann mit fünfzig Sperrholzplatten und einem Elektroschrauber aus dem Eisenwarenladen zurück und benutzte jede einzelne seiner tausend Schrauben, um seine Hütte für den Winter zu verbarrikadieren.

Die tausend Schrauben erfüllten ihren Zweck, andere Sicherheitsvorkehrungen hingegen brachten nichts. Aus den übrigen Blockhütten verschwanden weiterhin Kissen und Decken, Toilettenpapier und Kaffeefilter, Kühlboxen und Gameboys. Bei einigen Familien wurde so regelmäßig eingebrochen, dass sie den Geschmack des Eremiten kennenlernten: lieber Erdnussbutter als Thunfisch, lieber Bud als Bud Light, lieber Schlüpfer als Boxershorts. Und er war versessen auf Süßigkeiten. Ein Junge verlor seine gesamte Halloween-Ausbeute; im Pine Tree Camp fehlten ganze Großbehälter an Zuckerwerk.

Früh in der Saison, noch vor dem Memorial Day am letzten Montag im Mai, gab es für gewöhnlich eine Einbruchsserie, dann eine weitere zum Ende hin, nach dem Labor Day, dem ersten Montag im September. Ansonsten geschah es immer unter der Woche, besonders an verregneten Abenden. Anscheinend wurde nie ein Dauerbewohner Opfer eines Einbruchs; angebrochene Lebensmittel ließ der Eremit liegen. In einer Familie gab es einen Running Gag – »Von der Dürren will er nichts wissen« –, denn sooft auch ihr Alkoholschrank geplündert wurde, die Skinny Girl Margarita rührte er nie an.

Zehn Jahre vergingen. Es war immer dasselbe: Wohl niemand konnte ihn aufhalten, und die Polizei vermochte ihn nicht zu fassen. Er schien den Wald heimzusuchen. Familien kehrten von einer kurzen Fahrt in die Stadt zurück und fragten sich mulmig, ob sie einem Einbrecher begegnen würden. Sie fürchteten, er würde im Wald lauern und sie beobachten. Bei jedem Gang zum gestapelten Holz ergriff einen das beklemmende Gefühl, er könnte hinter einem der Bäume stehen. Die normalen Nachtgeräusche wurden die Geräusche eines Eindringlings, der den Küchenschrank durchsuchte und in den Schubladen wühlte. Einige Freunde besprachen insgeheim, ob sie nicht ein paar Lebensmittel mit Rattengift versehen und im Laub Bärenfallen auslegen sollten, doch sie setzten die Idee nie in die Tat um.

Andere meinten, der Eremit sei ganz offenkundig harmlos: Lass ihm doch deinen Spachtel und das bisschen Milch. Er bereitete kaum mehr Schwierigkeiten als die saisonalen Hausfliegen. Maine war immer schon ein etwas abseitiger Ort voller schräger Charaktere gewesen, und nun hatte man am North Pond eben die eigene Legende vom geheimnisvollen Eremiten. Mindestens zwei Kinder schrieben Schulaufsätze darüber.

Aber dann wurden die Verbrechen dreister. Eine Familie packte für eine Party tiefgefrorene Hühner in die Gefriertruhe, und nun waren plötzlich alle auf einen Schlag weg. Bei einem Anwohnertreffen im Jahr 2004 wurden die hundert Anwesenden gefragt, bei wem alles schon eingebrochen worden war. Mindestens fünfundsiebzig Leute hoben die Hand.

Dann gab es scheinbar einen Durchbruch. Als die Preise und Größe von Überwachungskameras rapide sanken, installierten mehrere Familien derartige Geräte. In einer Hütte, in der die Kamera im Rauchmelder verborgen war, gab es einen Erfolg: Der Eremit wurde gefilmt, als er in den Kühlschrank schaute. Die Aufnahmen waren verwirrend. Das Gesicht des Einbrechers war nur verschwommen zu erkennen, aber die Bilder schienen einen gepflegten, ordentlich gekleideten Mann zu zeigen, der weder verwildert aussah noch einen Zauselbart trug – ziemlich unwahrscheinlich, dass so jemand völlig auf sich gestellt im Wald lebte. Er wirkte weder besonders behände noch kräftig, überhaupt nicht wie ein Outdoortyp. »Mr Ordinary«, nannte ihn irgendjemand. Ein biederer Mustermann. Wahrscheinlich war dieser sogenannte Eremit doch einer ihrer Nachbarn, schlussfolgerten die Leute.

Wie auch immer, mit diesen und bald auch weiteren Aufnahmen zeigte die Polizei sich zuversichtlich, dass die Festnahme kurz bevorstand. Die Fotos wurden in Geschäften, Postämtern und Rathäusern ausgehängt. Zwei Polizeibeamte gingen damit von Hütte zu Hütte. Doch es war zum Verrücktwerden, niemand konnte den abgebildeten Mann identifizieren, und mit den Diebstählen ging es munter weiter.

Eine weitere Dekade verstrich. Die Einbrüche im Pine Tree Camp nahmen zu, und auch die Menge der gestohlenen Waren wurde immer größer. An diesem Punkt, nach einem Vierteljahrhundert, hatte die Sache längst absurde Züge angenommen. Es gab das Monster von Loch Ness, den Yeti im Himalaja und den Eremiten vom North Pond. Ein Mann, der den Fall unbedingt lösen wollte, verbrachte in zwei Sommern vierzehn Nächte in seiner stockfinsteren Blockhütte, eine .357er Magnum im Anschlag, und wartete darauf, dass der Eremit bei ihm einbrach. Vergebens.

Die vorherrschende Meinung war, dass sich der ursprüngliche Einbrecher aus dem Staub gemacht hatte und die jüngsten Verbrechen von einem Nachahmungstäter begangen worden waren. Vielleicht war eine zweite oder dritte Generation jener Jugendbande von damals nachgewachsen. Kinder, die mit der Legende vom Eremiten aufgewachsen waren, hatten nun selbst Kinder. Die meisten Leute arrangierten sich mit der Vorstellung, dass es eben so war, wie es war. Man brachte einfach jeden Sommer eine neue Bootsbatterie und frisches Propangas mit und freute sich seines Lebens. Das Paar, dem der Rucksack und die Matratze abhandengekommen waren, vermisste nun eine brandneue Land's-End-Jeans Größe achtunddreißig mit einem braunen Ledergürtel.

Schließlich geschah das, was man am allerwenigsten erwartet hätte. Nicht das Monster von Loch Ness erhob sich aus dem See, nicht der Yeti wurde beim Spazierengehen am Mount Everest erwischt, und grüne Marsmännchen wurden auch keine gesichtet. Aber der Eremit vom North Pond war, wie sich nun herausstellte, real gewesen. Als er von Sergeant Hughes geschnappt wurde, trug er eine Jeans von Land's End Größe achtunddreißig, gehalten von einem braunen Ledergürtel.

6

Christopher Knight wurde festgenommen, wegen Einbruchs und Diebstahls angeklagt und kam in Maines Hauptstadt Augusta im Kennebec County Jail, dem Bezirksgefängnis, in Untersuchungshaft. Nach beinah zehntausend Nächten schlief er zum ersten Mal wieder in einem Gebäude.

Der *Kennebec Journal* brachte die Geschichte als Erstes, und die Nachricht löste einige heftige, eigentümliche Reaktionen aus. Das Gefängnis wurde mit Briefen und Anrufen bombardiert und von Besuchern belagert; als »Zirkus« bezeichnete es der Chief Deputy Sheriff Ryan Reardon. Ein Tischler aus Georgia erbot sich, kostenlos jede von Knight beschädigte Blockhütte zu reparieren. Eine Frau machte ihm einen Heiratsantrag. Jemand bot Knight an, mietfrei auf seinem Grundstück zu wohnen, jemand anderes offerierte ihm ein Zimmer in seinem Haus.

Leute schickten ihm Schecks und Bargeld. Ein Dichter wollte Einzelheiten aus Knights Leben in Erfahrung bringen. Sheriff Reardon zufolge wurden zwei Männer, einer aus New York, der andere aus New Hampshire, im Gefängnis mit fünftausend Dollar in bar vorstellig, Knights Kautionssumme. Bald wurde entschieden, dass bei Knight Fluchtgefahr bestehe, und die Kaution wurde auf zweihundertfünfzigtausend Dollar erhöht.

Fünf Songs wurden aufgenommen: »We Don't Know the North Pond Hermit«, »The Hermit of North Pond«, »The North Pond Hermit«, »A Hermit's Voice« und »North Pond Hermit« – Bluegrass, Folk, Alternative Rock, ein Grabgesang und eine Ballade. Im Big G's Deli, einem bekannten Feinkostladen in Maine, gab es plötzlich ein Sandwich mit Roastbeef, Pastrami und Zwiebelringen, das »Der Eremit« hieß und damit beworben wurde, ausschließlich aus »regional gestohlenen Zutaten« zu bestehen. Ein holländischer Künstler malte eine Reihe von Ölgemälden, die Knights Geschichte thematisierten und in einer Galerie in Deutschland ausgestellt wurden.

Hunderte von Journalisten aus den USA und aus aller Welt versuchten, mit ihm in Kontakt zu treten. Die *New York Times* verglich ihn mit Boo Radley, dem Einsiedler aus *Wer die Nachtigall stört.* TV-Talkshows schickten ihm Einladungen. Ein Dokumentarfilmteam traf in der Stadt ein.

In jedem Café, in jeder Bar im zentralen Maine schien es nur ein Thema zu geben: Christopher Knight. In vielen Kulturen gelten Eremiten als Quell der Weisheit, als Erkunder der großen Mysterien des Lebens. In anderen heißt es, Eremiten seien vom Teufel besessen. Was wünschte Knight uns mitzuteilen? Welche Geheimnisse hatte er enträtselt? Oder war er einfach nur verrückt? Falls überhaupt, welche Strafe sollte er erhalten? Wie hatte er überlebt? Stimmte seine Geschichte denn wirklich? Und wenn ja, warum zog ein Mensch sich so vollständig aus der Gesellschaft zurück? Die Bezirksstaatsanwältin von Kennebec County, Maeghan

Maloney, sagte, dass Knight, der sein Leben in totaler Anonymität hatte verbringen wollen, die berühmteste Person in ganz Maine geworden sei.

Knight selbst, der Mittelpunkt der ganzen Aufregung, verfiel wieder in Schweigen. Er äußerte öffentlich kein einziges Wort. Er nahm keines der Angebote an – keine Kaution, keine Ehefrau, kein Gedicht, kein Bargeld. Das Geld, das man ihm geschickt hatte, floss in einen Wiedergutmachungsfonds für die Opfer seiner Einbrüche. Vor seiner Festnahme war das Rätsel um den Eremiten etwas Unbegreifliches gewesen, aber danach wurde es für die meisten Leute nur noch rätselhafter. Die Wahrheit war seltsamer als der Mythos.

7

Ich erfuhr von Christopher Knight, als ich eines Morgens auf dem Smartphone die Nachrichten überflog, inmitten des Getöses meiner Kinder, die gerade den Orangensaft umgekippt hatten. Die Geschichte packte mich sofort. Ich habe Hunderte von Nächten in der freien Natur verbracht, vor allem ehe meine Frau und ich in drei Jahren drei Kinder bekamen, eine Erfahrung, die einem zwar jede Menge Glückwünsche einbringt, aber keine Auszeiten in der Wildnis erlaubt. Ich war nicht neidisch auf Knights Leistung – die Regel, kein Lagerfeuer zu entzünden, ist einfach gnadenlos –, aber ich empfand durchaus einen gewissen Respekt.

Ich bin gern allein. Meine bevorzugte sportliche Betätigung sind Solo-Langstreckenläufe, und meine Arbeit als Journalist und Autor ist oft ziemlich asozial. Wenn mir alles zu viel wird, ist mein erster Gedanke – meine Fantasie –, in den Wald zu verschwinden. Meine eigenen vier Wände sind ein Beleg für einen ausgeprägten Konsumismus, aber am meisten sehne ich mich nach Freiheit, einem einfachen Leben. Einmal, als meine Kinder noch Windeln trugen und das Chaos und die Schlaflosigkeit toxisch geworden waren, habe ich tatsächlich der Welt adieu gesagt, allerdings nur kurz und formal und mit dem mürrischen Einverständnis meiner Frau. Ich floh nach Indien und machte ein zehntägiges Schweige-Retreat in der Hoffnung, dass hochdosiertes Alleinsein meine Nerven beruhigen würde.

Es funktionierte nicht. Es war ein säkulares Retreat mit jeder Menge Meditation – man brachte uns eine uralte Meditationstechnik namens Vipassana bei –, und ich fand es extrem strapaziös. Das Ganze war eher monastisch als eremitenhaft, mit Hunderten anderer Teilnehmer, aber wir durften nicht miteinander reden, uns nicht über Gesten verständigen und keinen Blickkontakt aufnehmen. Die ganze Zeit über wünschte ich mir, mich mit jemandem unterhalten zu können. Einfach nur still dazusitzen war eine physische Tortur ohnegleichen. Dennoch waren die zehn Tage innerer Einkehr wie ein vorsichtiger Blick über den Rand in einen Brunnen. Schließlich erkannte ich, dass Schweigen etwas Mystisches sein kann und einem hilft, vollständig ins eigene Ich einzutauchen. Vorausgesetzt, man geht das Wagnis ein.

Ich habe mich leider nicht getraut. Das eigene Selbst derart genau unter die Lupe zu nehmen schien Tapferkeit und Kraft zu erfordern, die ich nicht besaß. Außerdem mangelte es mir an der nötigen Zeit. Aber ich habe nie aufgehört, darüber nachzudenken, was am Grund des Brunnens schlummern mochte, welche Erkenntnis, welche Wahrheit. Im indischen Retreat gab es Leute, die Monate schweigender Einkehr hinter sich hatten, und ich beneidete sie um die Ruhe und Gelassenheit, die sie ausstrahlten. Knight hat anscheinend alle Grenzen überwunden, ist zum Grund des Brunnens gesprungen, hinab in jene geheimnisvolle Tiefe.

Dann die Sache mit den Büchern. Knight war offenkundig eine Leseratte. Den Nachrichten zufolge hatte er unzählige Science-Fiction- und Spionageromane gestohlen, Bestseller und sogar Liebesschmonzetten aus dem Harlequin-Verlag – was eben so herumlag in den Blockhütten am North Pond –, aber einem Einbruchsopfer waren auch ein Buch über Betriebswirtschaftslehre, ein Wälzer über den Zweiten Weltkrieg und James Joyces *Ulysses* abhandengekommen. Während seiner Zeit im Gefängnis bekundete Knight seine Bewunderung für Daniel Defoes *Robinson Crusoe*. Crusoe hatte beinah genauso lange auf seiner Insel gelebt wie Knight im Wald, allerdings stand Ersterem mehrere Jahre lang sein Freund Freitag zur Seite. Außerdem handelte es sich um eine fiktive Geschichte. Die Staatsanwältin Maeghan Maloney erzählte, Knight lese jetzt im Gefängnis *Gullivers Reisen*.

Für mich zählen Zelten und Lesen zu den schönsten Vergnügen des Lebens – und am schönsten ist es, beides gleichzeitig zu tun. Der Eremit schien meine Leidenschaft zu teilen, allerdings in einem exponentiell größeren Maßstab. Ich dachte über Knight nach, während ich die Frühstückskrümel aufsaugte, und als ich später im Büro meine Rechnungen bezahlte, dachte ich immer noch an ihn. Ich war besorgt, denn ein Mensch, der keinerlei Immunität gegen unseren Lebensstil besaß, weder körperlich noch geistig, war nun all unseren Krankheitserregern ausgesetzt. Und mehr als alles andere war ich begierig zu erfahren, was er zu sagen hatte.

Nichts, wie sich herausstellte. Die Reporter widmeten sich neuen Geschichten, und das Dokumentarfilmteam packte seine Ausrüstung zusammen und fuhr unverrichteter Dinge wieder nach Hause. Meine Gedanken kreisten weiterhin nur um Knight, meine Neugier fachte mich an. Zwei Monate nach seiner Verhaftung setzte ich mich dann in der spätabendlichen Stille, als im Haus schon alle schliefen, an den Schreibtisch und ordnete meine Gedanken. Ich holte einen Schreibblock mit gelbem liniertem Papier und einen Kugelschreiber aus der Schublade.

»Lieber Mr Knight«, begann ich, »ich schreibe Ihnen aus West-Montana, wo ich seit beinah fünfundzwanzig Jahren lebe. Ich habe einige Zeitungsartikel über Sie gelesen und verspüre den dringenden Wunsch, Ihnen zu schreiben.«

Alles, was ich bislang über ihn erfahren habe, fuhr ich fort, hätte nur neue Fragen aufgeworfen. Ich fügte an, dass ich ein begeisterter Naturbursche sei und dass wir beide Männer mittleren Alters seien – ich war damals vierundvierzig, drei Jahre jünger als er. Ich informierte ihn, dass ich Journalist bin, und legte Fotokopien meiner letzten Artikel bei, darunter eine Geschichte über einen isolierten Jäger-und-Sammler-Stamm in Ostafrika, dessen Isolation Knight, wie ich glaubte, ansprechen könnte. Ich erwähnte meine Liebe zu Büchern und gab preis, dass Ernest Hemingway zu meinen Lieblingsschriftstellern zählt.

»Ich hoffe, Sie kommen mit Ihren neuen Lebensumständen einigermaßen zurecht«, schrieb ich im letzten Absatz des zweieinhalbseitigen Briefs. »Ebenso hoffe ich, dass sich Ihre rechtliche Situation auf möglichst sanfte Weise für Sie klärt.« Ich unterschrieb mit »Ihr Mike«.

8

Eine Woche später lag ein weißer Briefumschlag in meinem Briefkasten, die Adresse war mit blauer Tinte in wackeligen Großbuchstaben geschrieben. Der Absender lautete »Chris Knight«. Auf der Rückseite verkündete ein Stempel: »Diese Korrespondenz wird aus dem Kennebec County Jail versendet. Der Inhalt wurde nicht geprüft.«

In dem Umschlag lag ein einzelnes, dreifach gefaltetes Blatt Papier. Ich strich es auf der Tischplatte glatt und sah, dass es aus dem Artikel stammte, den ich ihm über die Hadza geschickt hatte, jenen Jäger-und-Sammler-Stamm aus dem Ostafrikanischen Graben in Tansania. Die bebilderte Geschichte war im *National Geographic* erschienen.

Eines der enthaltenen Fotos hatte Knight mir zurückgeschickt, ein Porträt eines Hadza-Ältesten namens Onwas. In dem Artikel stand, dass Onwas etwa sechzig Jahre alt war und sein ganzes Leben im Busch verbracht hat. Onwas maß die Zeit nicht nach Jahren, sondern nach Jahreszeiten und Monden. Er lebte mit nur wenigen Habseligkeiten, genoss viel Muße und verkörperte eines der letzten Bindeglieder zu den tiefsten Wurzeln des menschlichen Familienbaums.

Unsere Gattung Homo entstand vor zweieinhalb Millionen Jahren, und neunundneunzig Prozent dieser Zeit lebten die Menschen so wie Onwas, in kleinen Gruppen nomadischer Jäger und Sammler. Diese Gruppen mögen ein eng verwobener gemeinschaftlicher Verbund gewesen sein, doch beinah jeder Einzelne war, wie Anthropologen vermuten, in langen Phasen seines Lebens von Stille umgeben; entweder allein oder mit wenigen anderen suchte er nach essbaren Pflanzen und stellte Beutetieren nach. Das ist, wer wir wirklich sind.

Die Sesshaftwerdung durch die Entwicklung von Ackerbau und Viehzucht begann vor zwölftausend Jahren im Fruchtbaren Halbmond des Mittleren Ostens, und flugs wurde der Planet in Dörfer und Städte und Nationen umstrukturiert. Fortan verbrachte eine gewöhnliche Person praktisch keine Zeit mehr allein. Ein dünner, aber steter Strom von Menschen fand dies inakzeptabel und ergriff die Flucht. Die aufgezeichnete Geschichte reicht fünftausend Jahre zurück, und seit der Mensch das geschriebene Wort kennt, schreibt er über Eremiten. Es ist ein Urfaszinosum. In chinesischen Texten, die in Tierknochen eingeätzt wurden, wie auch auf den Tontafeln mit dem Gilgamesch-Epos – ein Gedicht aus Mesopotamien von etwa 2000 v. Chr. – werden Schamanen oder wilde Menschen erwähnt, die allein in den Wäldern lebten.

Zu allen Zeiten und in allen Kulturen gab es Menschen, die ein einsiedlerisches Dasein führten. Einige wurden verehrt, andere verachtet. Konfuzius, der 479 v. Chr. starb, scheint sich äußerst lobend über Eremiten geäußert zu haben – einige von ihnen, so heißt es ihm zufolge in den Aufzeichnungen seiner Anhänger, hätten allergrößte Tugendhaftigkeit bewiesen. Im 3. und 4. Jahrhundert zogen strenggläubige christliche Eremiten, die sogenannten Wüstenväter und -mütter, in Kalksteinhöhlen an den Ufern des Nils. Das 19. Jahrhundert brachte Thoreau hervor, das nächste den Unabomber.

Keiner dieser Einsiedler lebte so lange allein wie Knight, zumindest nicht ohne Unterstützung von Helfern oder ohne in ein Kloster oder einen Konvent gesperrt zu sein, wie im Fall der Wüstenväter und -mütter geschehen. Es mag Eremiten geben, die sich noch vollständiger von allem zurückgezogen haben als Knight. Aber falls das so ist, hat man sie nie gefunden. Knights Ergreifung war das menschliche Äquivalent zum Einnetzen eines Riesenkalmars. Sein Einsiedlertum war nicht rein, er war ein Dieb, aber er hielt siebenundzwanzig Jahre lang durch, sprach in der ganzen Zeit nur ein einziges kleines Wort und berührte keinen einzigen Menschen. Man könnte behaupten, dass Christopher Knight die einsiedlerischste uns bekannte Person der Menschheitsgeschichte ist.

Mir Onwas' Foto zu schicken schien Knights Methode zu sein, mir eine vage Botschaft zu übermitteln, indem er, ohne ein einziges Wort zu gebrauchen, seine Bewunderung für einen Mann zum Ausdruck brachte, der sein Leben fernab der modernen Zivilisation verbringt. Dann drehte ich die Seite um und sah, dass Knight etwas geschrieben hatte. Nicht viel, drei kurze Absätze, zweihundertdreiundsiebzig Wörter, dicht aneinandergedrängt, als ob sie einander warm halten sollten. Dennoch, die wenigen Zeilen waren Knights erste Botschaft an die Welt.

»Habe Ihren Brief offenkundig erhalten«, begann er ohne Umschweife. Dass er das Wort »offenkundig« gebrauchte – ein bisschen skurril und herablassend –, ließ mich lächeln. Er antworte auf meinen Brief, erklärte er, weil er hoffe, durch das Schreiben ein wenig den »Stress und die Langeweile« seiner Haft zu verringern. Außerdem behage es ihm nicht zu sprechen. »Meine Fähigkeit, mich mittels meiner Stimme auszudrücken, ist ziemlich eingerostet.« Er entschuldigte sich auch für seine krakelige Handschrift: Ein Kugelschreiber lasse sich als Waffe verwenden, deshalb habe man ihm einen biegsamen Gummistift gegeben.

Anscheinend war Knight wegen vieler Dinge verlegen, außer wenn es um Literaturkritik ging. Er schrieb, bei Hemingway habe er »eher laue« Gefühle. Besonders interessierten ihn Historisches und Biografien, und gegenwärtig beschäftige er sich mit Rudyard Kipling, vor allem mit dessen »weniger bekannten Werken«. An dieser Stelle fügte er an – wie um zu erklären, warum er so viele billige Thriller gestohlen hatte –, dass er so gut wie alles las, wenn die Alternative darin bestand, gar nichts zu lesen.

Er sei sich der Aufregung um seine Person bewusst – die vielen an ihn gerichteten Briefe brächte man ihm pflichtschuldigst in die Zelle, wenngleich das meiste, wie er anmerkte, »ziemlich verrückt und unheimlich ist, ausgesprochen seltsam«. Er habe sich entschlossen, mir zu antworten, weil mein Brief, wie er andeutete, in keiner Weise unheimlich gewesen sei und weil er etwas Angenehmes in meinen Worten gespürt habe. Als hätte er sich bei einem Übermaß an Freundlichkeit ertappt, schrieb er als Nächstes, nun nichts mehr über sich preisgeben zu wollen.

Dann aber schien er besorgt, gerade zu unfreundlich gewesen zu sein. »Die Unhöflichkeit meiner Worte lässt mich zusammenzucken, aber ich bin lieber offen und ehrlich als höflich und unehrlich. Ich möchte ›nichts Persönliches‹ über mich sagen, aber ein handgeschriebener Brief ist stets persönlich, was auch immer darin steht.« Er endete mit: »Es war nett von Ihnen, mir zu schreiben. Danke.« Er hatte nicht mit seinem Namen unterzeichnet.

Ich schrieb augenblicklich zurück und bestellte ihm zwei Kipling-Bücher ins Gefängnis (*Der Mann, der König sein wollte* und *Captains Courageous*). In seinem Antwortbrief hatte Knight geäußert, mir nur unverfängliche Dinge zu schreiben, da er mich nicht kenne. Dies schien mir eine Einladung zu sein, ihm etwas weniger fremd zu werden, und so schrieb ich fünf Seiten voller privater Anekdoten über meine Familie, dazu schilderte ich noch eine meiner inzwischen seltenen Fluchten in die freie Wildbahn: Vor Kurzem hatten sich die Sommersonnenwende und der sogenannte Supermond – der Vollmond, der der Erde in diesem Jahr am nächsten war – zum gleichen Zeitpunkt ereignet, und ich hatte dieses doppelte Himmelsspektakel beim Campen mit einem Freund in den Bergen Montanas beobachtet.

Außerdem enthüllte ich Knight, dass ich ein makelbehafteter Journalist war. 2001 hatte ich in einem Artikel über Kinderarbeit Interviews mit verschiedenen Personen zu einer einzigen verwoben, um eine zusammengesetzte Figur zu erschaffen, eine Technik des Geschichtenerzählens, die den Regeln des Journalismus zuwiderläuft. Die Täuschung flog auf, und fortan durfte ich für einige Zeitschriften nicht mehr schreiben und fühlte mich eine Weile isoliert und aus Fachkreisen ausgestoßen. Vielleicht würde das Geständnis, in meinem Beruf gesündigt zu haben – während Knight ein geständiger Einbrecher war, der als Eremit nicht hatte überleben können, ohne zu stehlen –, ein Gefühl von Verbundenheit erzeugen. Beide hatten wir hehren Idealen nachgestrebt und dabei gefehlt.

Ich fühlte mich bestätigt, als kurz darauf seine Antwort in meinem Briefkasten lag. Nicht meine Missetat, sondern der Campingtrip hatte bei Knight einen Nerv getroffen. Am Anfang seines dreiseitigen Briefs beschrieb er einen seiner Versuche, sich im Sprechen zu üben. Er war auf ein halbes Dutzend seiner Mithäftlinge – fast alles junge abgebrühte Burschen – zugegangen und hatte versucht, mit ihnen ins Gespräch zu kommen. Er wollte mit ihnen über jene wundersame Gleichzeitigkeit von Sommersonnenwende und Supermond reden. »Ich glaubte, dafür würden sie sich wenigstens ein bisschen interessieren«, schrieb er. »Doch das war nicht so. Sie hätten die entgeisterten Blicke der Männer sehen sollen!«

Die meisten Leute, mit denen er zu reden versuchte, nickten nur, lächelten und hielten ihn für »dumm oder verrückt«. Oder sie starrten ihn unverfroren an wie eine Jahrmarktsattraktion. Dann sei mein Brief eingetroffen, und er hätte gesehen, dass ich genau dasselbe Thema – Sommersonnenwende und Supermond – erwähnte. Was für ein Zufall! Er hätte sich darüber richtig »erschreckt«, und von da an war der Inhalt seiner Briefe nicht mehr unverfänglich, sondern offen und ergreifend wie Tagebucheinträge.

Er fühlte sich gequält vom Gefängnis, in einen Käfig gesperrt mit einem Mitgefangenen. »Sie fragen, wie ich schlafe. Wenig und unruhig. Ich bin fast immer müde und nervös.« Aber, fügte er in seinem stakkatoartigen, beinah liedhaften Stil an, er verdiene die Inhaftierung. »Ich war ein Dieb. Über viele Jahre hinweg habe ich andere Menschen bestohlen. Ich wusste, dass es falsch war, hatte jedes Mal ein schlechtes Gewissen, und doch habe ich weitergemacht.«

In den nächsten beiden Briefen schrieb er, er fände »innere Befreiung und Erlösung«, indem er sich intensiv den Wald vorstelle, der gleich hinter den Gefängnismauern begann. In lyrischer Sprache beschrieb er die Wildblumen, die dort blühen: Sonnenhut, Mokassin-Frauenschuh, Wiesenklee, selbst die Pusteblumen erwähnte er (die fand er allerdings »abgepustet interessanter«). Er könne aus dem imaginierten Wald beinah noch »das Lied von brutzelndem Salz und Fett« hören, so wie damals, als er sich mit seinem Gaskocher etwas zu essen gemacht hatte. Am meisten wünschte er sich Stille – »so viel Stille, wie ich kriegen kann, wie ich verzehren, essen, fressen, schlemmen, mir auf der Zunge zergehen lassen kann«. Statt sich nach und nach ans Gefängnisleben zu gewöhnen, unter Menschen zu sein, ließ Knight sich gehen. Im Wald, schrieb er, habe er seine Gesichtsbehaarung immer sorgsam entfernt, nun aber habe er aufgehört, sich zu rasieren. »Benutze meinen Bart als Gefängniskalender«, schrieb er.

Einige Male versuchte er, sich mit seinen Mithäftlingen zu unterhalten. Er konnte sich mit einigen zögerlichen Worten »herantasten«, aber die Themen der Männer – Musik, Filme, Fernsehen – waren ihm fremd, ebenso der moderne Häftlingsslang. Verkürzungen gebrauchte er nur selten, niemals Schimpfwörter. »Du klingst wie ein Buch«, veralberte ihn ein Insasse. Die Wärter und die Gefängnisleitung schienen ihn, wie er anmerkte, nur »mitleidig zu belächeln«, und jeder frage ihn das Gleiche: Weißt du, wer Präsident ist? Er wusste es, er hatte im Wald regelmäßig die Radionachrichten gehört. »Es ist wie eine große Prüfung«, schrieb er. »Ständig probiert man, mich zu einer absurden Äußerung zu verleiten. Ich sage nichts, bin aber versucht.«

Bald hörte er ganz auf zu sprechen. »Zu meinem Schutz ziehe ich mich ins Schweigen zurück«, erklärte er. Er sage nur noch vier Wörter am Tag, und die nur zu den Wärtern: ja, nein, bitte, danke. »Es überrascht mich«, schrieb er, »wie viel Respekt mir das einbringt. Dass Schweigen einschüchternd sein kann, erstaunt mich. Für mich ist Schweigen normal und angenehm.« Etwas weiter unten fügte er an: »Ich muss gestehen, dass ich Menschen, die nicht still sein können, ein klein wenig verachte.«

Über sein Leben im Wald ließ er sich kaum aus, aber das wenige, was er offenbarte, war erschütternd. In einigen Jahren habe er nur mit letzter Kraft den Winter überlebt. In dem Brief schrieb er, in schwierigen Zeiten habe er zu meditieren versucht. »Aber nicht regelmäßig, nur wenn der Tod nah war. Der Tod in Gestalt von Unterernährung und zu großer Kälte über zu lange Zeit.« Die Meditation habe funktioniert, schlussfolgerte er: »Ich bin am Leben und bei Verstand, zumindest glaube ich das.« Erneut gab es kein formales Ende. Seine Briefe hörten einfach auf, manchmal mitten in einem Gedanken.

In einem seiner nächsten Briefe kehrte er zum Thema Verstand zurück. »Als ich aus dem Wald kam, hat man mich als ›Eremiten‹ bezeichnet. Für mich ein seltsamer Gedanke. Ich habe mich nie als Eremiten betrachtet. Aber dann beschlich mich eine gewisse Unruhe. Denn ich weiß ja, dass man mit dem Begriff ›Eremit‹ das Wort ›Verrückter‹ verbindet.«

Schlimmer noch, er befürchtete, dass seine Inhaftierung nur diejenigen bestätigen würde, die ihn für verrückt hielten. Sein Verfahren zog sich endlos hin, und nach vier Monaten hatte Knight noch immer nicht die geringste Ahnung, welche Strafe ihn erwartete. Eine Verurteilung zu zwölf oder mehr Jahren lag im Bereich des Möglichen. »Himmelhohes Stressniveau«, schrieb er. »Ich brauche eine Zahl. Wie lange? Monate? Jahre? Wie lange werde ich im Gefängnis sitzen? Bin auf das Schlimmste gefasst. Wie lange?«

Die Ungewissheit setzte ihm zu. Die Haftbedingungen – Handschellen, Lärm, Schmutz, Überbelegung – zerrten an seinen Nerven. Ein Gefängnis im zentralen Maine sollte eigentlich noch zu den erträglicheren Haftanstalten zählen, verglichen mit all den anderen, die es in den USA gibt.

Doch für Knight war es reine Folter. Er bezeichnete den Ort als »Tollhaus«. Das Licht wurde nie gelöscht, um elf Uhr abends wurde es lediglich etwas trüber. »Ich glaube, im Gefängnis wurde meinem Verstand jetzt schon mehr Schaden zugefügt, als es die Monate, Jahre und Jahrzehnte im Wald vermocht haben.«

Schließlich entschied er, nicht mehr schreiben zu können. »Eine Zeitlang konnte ich durch das Schreiben Stress abbauen. Es funktioniert nicht mehr.« Er schickte mir einen letzten, erschütternden Brief, seinen insgesamt fünften in acht Wochen. Er schien kurz vor einem Nervenzusammenbruch zu stehen. »Müde. Müder. Noch müder. Am müdesten. Müde ad nauseam. Müde ad infinitum.«

Und das war's. Er schrieb mir nicht mehr. Ich schickte ihm drei Briefe in drei Wochen – »Wie halten Sie sich?«, fragte ich voller Sorge –, doch in meinem Briefkasten kamen keine wackelig adressierten weißen Umschläge mehr zum Vorschein. Ich las noch einmal seinen letzten Brief in der Hoffnung, eine unterschwellige Botschaft zu entdecken. Ich fand keine. Aber die Schlusszeile sprang mich förmlich an. Denn dieses eine Mal während unseres Briefwechsels über den ganzen Sommer hinweg hatte er mit seinem Namen unterschrieben. Trotz seiner Erschöpfung und Anspannung waren die letzten von ihm zu Papier gebrachten Worte voller trockener Selbstironie: »Ihr freundlicher Eremit aus der Nachbarschaft, Christopher Knight.«

9

Augusta, Maine, ist pittoresk, wirkt aber etwas melancholisch, die Straßen in der Innenstadt sind leer, die Fabriken entlang des Kennebec River, in denen einst Besenstiele, Grabsteine und Schuhe hergestellt wurden, sind riesige Ziegelsteinskelette. Das Gefängnis wurde 1858 erbaut. Das Originalgebäude, eine kleine Festung aus Granit, wurde zum Polizeirevier, und Knight sitzt in dem dreistöckigen Anbau aus hellgrauen Betonblöcken ein.

Die Besuchszeit beginnt beinah jeden Abend um 18.45 Uhr. Ich traf etwas früher ein und ging im Erdgeschoss durch zwei Metalltüren in den Warteraum. An einem schmalen Schalter trat ich vor eine verspiegelte Einwegscheibe und fragte mich, ob ich auf irgendeinen Knopf drücken musste, um auf mich aufmerksam zu machen. Ein Schild neben einem großen Desinfektionsmittelspender hielt Besucher dazu an, ihn zu benutzen, ehe sie die Einrichtung betraten.

»Wen möchten Sie sehen?«, quäkte eine elektrisch verstärkte Stimme auf der anderen Seite der Glasscheibe.

»Christopher Knight.«

»In welcher Beziehung stehen Sie zu ihm?«

»Freund«, antwortete ich ohne große Zuversicht. Er wusste nicht, dass ich hier war, und ich hegte Zweifel, dass er einem Besuch zustimmen würde. Seine Briefe hatten von großem Leid gekündet und einer noch größeren inneren Stärke, genauso wie von einer einzigartigen Geschichte, die erzählt werden wollte. Und als offenkundig geworden war, dass er nicht mehr schreiben würde, hatte ich mich kurzerhand ins Flugzeug gesetzt und war nach Osten geflogen, von Montana nach Maine.

Ein Metallschubfach sprang auf, und ein Ausweis wurde verlangt. Ich legte meinen Führerschein hinein, und das Fach schloss sich wieder. Als ich den Führerschein zurückerhielt, setzte ich mich auf eine Bank. Durch die schmutzigen weißen Wände hörte man Türenschlagen und lautes elektrisches Surren.

Ein älteres Paar meldete sich an, gefolgt von einem Mann, der die Beziehungsfrage mit »Ich bin sein Vater« beantwortete, sich hinsetzte und sich an eine Tasche mit Unterwäsche klammerte wie an einen Rettungsreifen. Originalverpackte Unterwäsche gehört zu den wenigen Sachen, die man einem Insassen des Kennebec-County-Gefängnisses mitbringen darf. Dann erschien eine junge Frau mit zwei kleinen Mädchen in identischen rosafarbenen Kleidchen. Die Mädchen sahen aus, als hätten sie Windpocken. Aber die Mutter erklärte an niemand Bestimmten gerichtet, es seien nur Mückenstiche. »Wir leben im Wald«, fügte sie an. Es erinnerte mich daran, Knight zu fragen – falls ich ihn besuchen durfte –, wie er mit den Mücken zurechtgekommen war, die in den North Woods eine wahre Plage sein können. Selbst Henry David Thoreau schrieb in *Walden oder Leben in den Wäldern,* er sei vom Ungeziefer ernsthaft belästigt worden.

Schließlich erschien ein kindlich aussehender Vollzugsbeamter mit einem tragbaren Metalldetektor. Er rief einen Namen auf, und das ältere Paar erhob sich. Mit dem Detektor strich er ihnen über den Körper, dann sperrte er eine kastanienbraune Tür auf, worauf »Besucher 1« stand, und schloss sie hinter ihnen. Als Nächstes schickte er den Mann mit der Unterwäsche durch die Tür für »Besucher 2«.

Es gab drei Besuchsräume, und als ein dritter Name aufgerufen wurde und die Frau und die Kinder aufstanden, ergriff mich Bestürzung. Aber dann öffnete der Beamte erneut die »Besucher-2«-Tür, schickte die Gruppe dort hinein und rief: »Knight.«

Ich wurde von vorn und hinten durchleuchtet und war froh, dass man mir nicht den kleinen Notizblock und den Kugelschreiber abnahm. Der Beamte sperrte die Tür für »Besucher 3« auf – an der ein Schild davor warnte, dass man keine neuerliche Besuchserlaubnis erhielt, falls man sich ohne Angabe von Gründen entfernte –, und ich trat ein. Hinter mir schloss sich die Tür. Mir flirrten die Nerven. Meine Augen gewöhnten sich an das schwächere Licht, und in der winzigen Kabine saß hinter einer dicken bruchsicheren Plastikscheibe Christopher Knight auf einem Hocker.

Es ist mir in meinem Leben selten passiert, dass jemand sich so wenig freute, mich zu sehen. Seine schmalen Lippen waren zusammengekniffen, seine Mundwinkel hingen herab, er hob nicht den Blick, um mich anzuschauen. Ich setzte mich auf einen Holzhocker mit schwarzer Sitzfläche. Ich legte meinen Notizblock auf die unter dem Plastikfenster an die Wand geschraubte Metallablage. Knight nahm nicht im Entferntesten von mir Notiz, nicht einmal ein leichtes Nicken. Beinah reglos starrte er auf einen Punkt über meiner linken Schulter. Er trug dunkelgrüne, zu oft gewaschene Gefängniskleidung, die ihm mehrere Nummern zu groß war.

An der Wand hing ein schwarzer Telefonhörer, und ich hob ihn aus der Halterung. Er nahm seinen – es war die erste Bewegung, die ich ihn ausführen sah. Es ertönte eine Ansage vom Band, in der in umständlichem Amtskauderwelsch verkündet wurde, dass unser Gespräch mitgehört werden könnte, und dann öffnete sich die Leitung.

Ich ergriff als Erster das Wort. »Schön, Sie kennenzulernen, Chris.«

Er antwortete nicht. Er saß einfach nur mit versteinertem Gesicht da. Sein erkahlender Schädel schimmerte unter dem Neonlicht wie ein verschneites Feld. Sein Bart – sein Gefängniskalender, seit einhundertvierzig Tagen nicht gestutzt – war ein wild wuchernder Zottelbart, überwiegend braun mit etwas Rot und ein wenig Grau. Er trug eine Bifokalbrille mit Metallgestell, eine andere als die, die er eine Ewigkeit im Wald getragen hatte. Seine breite Stirn und der lange Bart verliehen seinem Gesicht die Form eines Dreiecks, wie ein Vorfahrtsschild. Er sah ein bisschen so aus wie Leo Tolstoi. Er war spindeldürr.

Das einzige Bild, das ich von ihm gesehen hatte, war das Polizeifoto, auf dem er frisch rasiert war und leicht die Stirn kräuselte. Er trug noch seine klobige alte Brille, und seinem matten, erschöpften Blick sah man den Stress der Verhaftung an. Der Mann, der mir nun gegenübersaß, wirkte keineswegs einnehmender, strahlte aber große Wachsamkeit und Energie aus. Er mochte mich nicht anschauen, aber gewiss beobachtete er mich – wenngleich ich nicht wusste, ob er auch nur ein einziges Wort sagen würde.

In seinen Briefen hatte Knight mehrfach erwähnt, wie sehr es ihm behage, zu schweigen. Ich betrachtete ihn, während er an mir vorbeischaute. Seine bleiche Haut hatte die Farbe von gekochten Kartoffeln, markant die Nase. Seine Schultern hingen herab, seine ganze Haltung war nach innen gewandt, abwehrend. Vielleicht eine Minute verstrich.

Länger hielt ich es nicht aus. »Der ständige Lärm hier muss Sie doch verrückt machen, nachdem Sie jahrelang in freier Natur gelebt haben«, sagte ich. Er sah mich an – ein kleiner Sieg –, schaute aber gleich wieder weg. Seine Augen waren hellbraun und recht klein. Er hatte so gut wie keine Augenbrauen. Meine Bemerkung hing in der Luft.

Dann sprach er, oder zumindest bewegte er den Mund. Seine ersten Worte waren unhörbar. Er hielt die Sprechmuschel des Telefonhörers zu tief unterm Kinn. Es war Jahrzehnte her, seit er regelmäßig telefoniert hatte. Er war aus der Übung. Ich bedeutete ihm, den Hörer etwas höher zu halten. Er tat es, dann wiederholte er seine ersten Worte.

»Ist eben Gefängnis«, sagte er, nichts weiter. Erneutes Schweigen.

Ich hatte so viele Fragen an ihn, aber sie kamen mir alle falsch vor – zu bohrend, zu persönlich. Ich versuchte es mit etwas Unverfänglichem: »Welche Jahreszeit hat Ihnen am besten gefallen, als Sie im Wald lebten?«

Knight hielt inne, offenkundig damit befasst, seine Antwort zu formulieren. »Mir waren alle Jahreszeiten gleich lieb«, sagte er, die Stirn nun wieder leicht gekräuselt. Seine Stimme war rau, jedes seiner Worte bildete eine Einheit für sich – überdeutlich artikuliert, mit unnatürlich langen Pausen, ohne eine einzige Silbe zu verschlucken, eine Aneinanderreihung beinah tonloser Laute, deren gedehnte Vokale ein wenig an den Ostküstenakzent erinnerten.

Ungelenk setzte ich nach. »Haben Sie sich schon mit jemandem angefreundet im Gefängnis?«

»Nein«, sagte er.

Ich hätte nicht herkommen sollen. Er wollte nicht, dass ich da war. Meine Anwesenheit erfüllte mich mit Unbehagen. Aber die Gefängnisleitung hatte mir eine einstündige Besuchszeit gewährt, und ich beschloss, es durchzuziehen. Ich rutschte auf meinem Hocker herum, mir nur allzu sehr meiner Gestik bewusst, meiner Mimik, meiner Atmung. Niemand konnte länger schweigen als Knight, aber ich wollte mich wenigstens bemühen, es ihm gleichzutun. Das Licht im Raum flackerte, und einige Deckenplatten fehlten. Durch die zerkratzte Scheibe sah ich, dass Knight unentwegt mit dem rechten Bein wackelte. Auf der Besucherseite der Kabine lag roter Teppichboden aus, auf seiner Seite blauer.

In einem seiner Briefe hatte er geschrieben, dass seine Haut »zu jucken anfange«, wenn er einem Menschen begegne, und tatsächlich kratzte er sich an den Unterarmen. Auf seinem fleckigen rechten Handrücken hatte er ein sonderbares Muttermal. Einige krause Haarbüschel standen ihm vom Kopf ab und ließen mich einen Moment lang an Schlangen denken, die ihre Köpfe hoben. Jemand hatte mit einem schwarzen Filzstift »Lasst mich raus« an eine der Wände gekrakelt, und jemand anderes hatte »187« in die Tür eingeritzt, ein Slangausdruck für »Mord«, basierend auf dem entsprechenden Paragrafen im kalifornischen Strafgesetzbuch.

Meine Geduld zahlte sich aus. Erst hörte er auf, mit dem Bein zu wackeln, dann, sich zu kratzen. Und schließlich, als hätte er in dieser Umgebung endlich sein inneres Gleichgewicht gefunden, erwachte Knight zum Leben.

»Einige Leute wollen mich gern als schrulligen Zausel sehen«, sagte er, »der die Eremitenweisheiten nur so aus dem Ärmel schüttelt und sinnreiche Glückskekssprüche aus seinem Eremitenzuhause von sich gibt.«

Er sprach weiterhin extrem deutlich, aber auch sehr leise. Ich musste mir das freie Ohr zuhalten, um ihn zu verstehen. Seine Gestik war minimal. Er äußerte sich – wenn er denn etwas sagte – fantasievoll und unterhaltsam. Und bissig.

»Ihr Eremitenzuhause – so wie unter einer Brücke?«, versuchte ich mitzuspielen.

Er erging sich in einem schmerzhaft langen Blinzeln. »Sie denken an einen Pennbruder.«

Ich lachte, und sein Gesicht bewegte sich in Richtung eines Lächelns. Wir hatten eine Verbindung hergestellt, oder zumindest hatte die Verlegenheit zwischen uns etwas abgenommen. Wir begannen, uns beinah normal zu unterhalten, wenn auch nicht im üblichen Sprechtempo. Knight schien jedes einzelne Wort genauestens abzuwägen, es auf seine Präzision zu prüfen, sorgfältig wie ein Dichter. Selbst seine Briefe habe er zuerst ins Unreine geschrieben, sagte er, um anschließend die unnötigen Beleidigungen zu streichen. Nur die nötigen waren stehen geblieben.

Er erklärte, warum es ihm schwerfiel, anderen Menschen in die Augen zu schauen. »Es ist ungewohnt für mich. In den Gesichtern der Leute sind zu viele Informationen. Ist Ihnen das noch nie aufgefallen? Zu viel, zu schnell.« Ich nahm seinen Hinweis auf und schaute über seine Schulter, während er über meine starrte. Wir behielten dieses Arrangement für den Großteil meines Besuchs bei. »Ich mag es nicht, wenn man mich berührt«, fügte er an. Von den Wärtern hin und wieder abgetastet zu werden könne er gerade noch ertragen, mehr gehe nicht. »Sie gehören nicht zu den Leuten, die andere ständig umarmen, oder?«, fragte er.

Ich gestand ihm, dass ich mich zuweilen in dieser Praxis übte.

»Ich bin froh, dass das hier zwischen uns ist«, sagte er und tippte an die Scheibe. »Gäbe es eine Jalousie, würde ich sie schließen.« Die Gefängnisleitung hatte ihm die Möglichkeit eines Kontaktbesuchs gewährt, doch stattdessen hatte er sich für diese Variante entschieden. »Ich ziehe ein Treffen auf geistiger Ebene körperlichen Berührungen vor. Ich halte gern Abstand.«

Knight schien immer zu sagen, was er dachte, roh und wahrhaftig, ungefiltert vom Sicherheitsnetz sozialer Nettigkeiten. Es schien in ihm keinen eingebauten »Schwindelmechanismus« zu geben – das Schmiermittel für jede menschliche Interaktion, das einen sagen lässt, das Essen bei der Dinnerparty habe großartig geschmeckt, obwohl das Gegenteil der Fall war. »Es tut mir nicht leid, unhöflich zu sein, wenn ich dadurch schneller auf den Punkt komme«, sagte er.

In einem seiner Briefe hatte er sich über mein Autorenfoto ausgelassen, das er in einem der von mir zugesandten Zeitschriftenartikel gesehen hatte. »Sie sehen darauf ziemlich streberhaft aus. Das nächste Mal lassen Sie Ihre Frau das Foto auswählen.« Als ich ihm während des Besuchs erzählte, mein Sohn heiße Beckett, entgegnete er: »O weh, das ist ja schrecklich. Wie konnten Sie ihm nur diesen Namen geben? Wenn er älter ist, wird er Sie dafür hassen.«

Er sagte, als er von meiner Ankunft im Gefängnis erfahren habe, habe er den Besuch zuerst ablehnen wollen. Doch wir hätten bereits eine Briefbekanntschaft, und meine Anwesenheit erlaube ihm, sich in der Kunst der Gesprächsführung zu üben, eine Gelegenheit, die ihm in der Haft bislang verwehrt geblieben sei. Außerdem wäre ich einfach so hier aufgekreuzt – soweit ich weiß, hatte das kein anderer Journalist getan, auch nicht die Filmcrew –, und er wisse, dass ich von weit her komme. Es wäre unschicklich gewesen, meinen Besuch zu verweigern, also habe er ihn angenommen, und nun werfe er mir die Unhöflichkeiten eben direkt an den Kopf.

Knight konnte kratzbürstig sein – er *war* kratzbürstig –, aber er sagte auch, seit seiner Verhaftung gebe es Momente, in denen er unversehens emotional überwältigt werde. »Manchmal rührt mich ein Werbespot im Fernsehen zu Tränen. Es ist nicht gut, wenn deine Mithäftlinge dich weinen sehen.«

Er frage sich, wie er in den Medien dargestellt werde. »Ist es so wie am Ende der Nachrichten, wenn sie zum Abschluss noch eine skurrile Geschichte bringen? Der Welt größter Kürbis wurde gezogen, und ein Mann kehrt nach siebenundzwanzig Jahren aus den Wäldern Maines zurück?« Er wollte wissen, ob man ihn wirklich allenthalben als »Eremiten« bezeichne, und ich bejahte. Alle Lokalzeitungen, das *Kennebec Journal*, die *Morning Sentinel* und der *Portland Press Herald*, nannten ihn so. »Mir gefällt der Ausdruck nicht, aber ich verstehe, warum sie ihn verwenden«, sagte Knight. »›Eremit‹ passt schon, ganz klar. Es ist treffend. Außerdem kann ich sowieso nichts dagegen tun, dass man mich so nennt.«

Hierin erkannte er eine strategische Gelegenheit. Die Zeitungen ließen sich lautstark über einen echten lebenden Eremiten aus, und indem er sich einen Zottelbart stehen ließ, lieferte Knight ihnen das gewünschte Bild. Die Gesichtsbehaarung diente ihm nicht nur als Kalender, sondern auch als Maske, welche die neugierigen Blicke absorbierte und ihm ein Mindestmaß an Privatsphäre ließ. »Ich kann mich dahinter verstecken und gleichzeitig das Klischee und die Mutmaßungen bedienen. Einer der Vorteile, als Eremit zu gelten, ist, dass ich mich seltsam benehmen darf.«

Er müsse sich auf den »Wiedereintritt in die Gesellschaft« vorbereiten und mache sich Sorgen, weil man ihn ausschließlich als Verrückten betrachte. Er benötige Hilfe – ihm sei klar, dass er eigentümlich wirke, und er hoffe, es ändern zu können –, deshalb bat ich ihn, mich anzuschauen. Sein Blick irrte durch den Raum; seinem Gesicht fehlte jede Mimik. Er machte keine Geste, es gab keine Interaktion. Nicht einmal eine Augenbraue zuckte. So schaut ein Neugeborenes in die Welt, aber selbst das hielt Knight nur ein paar Sekunden durch.

Schließlich gelang es mir, seinen Blick auf mich zu lenken, und ich stellte ihm die Frage, die mich im Warteraum beschäftigt hatte: »Was taten Sie, wenn es mit den Mücken besonders schlimm war?«

Er antwortete: »Ich habe Insektenspray genommen.«

Dann wandte er sich ab. Meine Anwesenheit war ihm eine Last. Knight schien nur eines zu wollen: dass man ihn in Ruhe ließ. Dennoch fragte ich ihn kurz vor Ablauf der Besuchszeit, ob ich wiederkommen könne.

Seine Antwort erstaunte mich. Er sagte: »Ja.«

10

Fast während seiner gesamten Zeit im Wald hatte Knight im selben Lager gelebt. Der Standort ist überraschend. In Maine, dem nördlichsten der Bundesstaaten, die sich im amerikanischen Nordosten aneinanderdrängen, gibt es eine Vielzahl ausgedehnter menschenleerer Wälder, die größtenteils Holzunternehmen gehören. Doch Knight beschloss, innerhalb der Grenzen der Gesellschaft zu verschwinden. Städte, Straßen und Häuser umgaben sein Versteck. Er konnte die Unterhaltungen der Kanuten auf dem North Pond hören. Er hatte sich nicht weit entfernt von den Menschen, sondern saß gewissermaßen am Spielfeldrand. Von der nächsten Blockhütte bis zu seinem Lager war es nur ein dreiminütiger Fußweg – wenn man wusste, wo es langging.

Niemand außer Knight hatte den Platz gekannt. Doch bevor man ihn in der Nacht seiner Ergreifung ins Gefängnis brachte, gab er sein Geheimnis preis. Er führte Sergeant Hughes und Diane Vance zu seinem Versteck. Es liegt auf einem Privatgrundstück, dessen Besitzerin nicht wollte, dass der Ort eine Touristenattraktion wird. Aber bald sickerte durch, wo Knights Camp lag.

Ein lokaler Handwerker namens Carroll Bubar, der den Fußspuren der Beamten im Schnee gefolgt war, gab mir eine kryptische Wegbeschreibung. Und ich fuhr in nördlicher Richtung aus Augusta heraus ins Herzland Maines, auf einer Straße, die zwischen baumbedeckten Hügeln mäanderte wie ein Fluss. Es ist das Land der Kühe und Pferde. Sanft geschwungenes Farmland trennt kleine Städte voneinander, in denen es nur eine einzige Ampel gibt. Einige Gemischtwarenläden heißen tatsächlich noch »General Store«: Im Kühlregal liegen lebende Köderwürmer in Plastikbehältern gleich neben der Milch. An vielen Briefkästen finden sich französische Namen: Poulin, Thibodeau und Leclair – vermutlich Nachfahren der Acadianer, der französischen Kolonisten, die im 17. und 18. Jahrhundert die Neue Welt besiedelten. In der Originalcharta der Region von 1664 übertrug König Karl II. von England seinem Bruder James, dem Herzog von York, die Herrschaft über ein Gebiet, das als »the maine land of New England« bezeichnet wurde. Daher rührt vermutlich der Name des Bundesstaats nach seiner Loslösung von Massachusetts im Jahr 1820.

Eine schmale Waschbrettpiste führt zum Pine Tree Camp und endet an einem verschlossenen Tor. Nach wenigen Gehminuten erhascht man erste Blicke aufs Wasser, auf Kräuselungen, die silbrig in der Sonne blitzen. Es gibt zwei kleine Seen in dem Gebiet. Der kleinere, Little North Pond, schmiegt sich wie ein Kind an den größeren North Pond, verbunden sind sie durch einen schmalen Durchlass. Insgesamt sind es etwa zehn Quadratkilometer klares kaltes Wasser. Die meisten Blockhütten stehen etwas zurückgesetzt zwischen den Bäumen, sind kaum zu erkennen.

Es war mitten in der Woche, kurz vor Ende des Sommers. Niemand war zu sehen. Mit einigen Ausnahmen sind die meisten Feriendomizile am Ufer – »Camps«, wie man sie in bescheidener Zurückhaltung nennt – schlicht gebaut, innen wie außen. Einige benötigen eine frische Wandverkleidung. In nicht wenigen Wohnräumen besteht die einzige Dekoration aus einem ausgestopften Hirschkopf an der Wand. Draußen gibt es große Feuergruben, am Wasser Holzstege, an denen Kajaks und Kanus liegen. An einem Baum hängt ein Windspiel aus leeren Bierdosen. Hinter einem kleinen Bach steht eine verwitterte Hütte mit einem Wellblechdach. Die Bretter und Latten, aus denen die Wände bestehen, wurden aus dem Holz der Hemlocktannen geschlagen, die hier überall stehen. Ab dort sind es noch drei Fußminuten zu Knights Lager.

Ein schlammiger Fahrweg bildet eine der Grenzen von Knights Wald. Wenngleich es natürlich nicht sein Wald ist. Mit jeder hier verbrachten Nacht hatte er den Tatbestand des widerrechtlichen Betretens erfüllt. Auch ich drang hier unerlaubt ein und nahm mir vor, so leise wie möglich zu sein. Knights Lager befand sich irgendwo auf einem neunzig Hektar großen Grundstück, auf dem es ein rund ums Jahr bewohntes Haus gibt, in das Knight nie eingebrochen war. Es ist zwar ein weitläufiger Besitz, aber das Gebiet zieht viele Wanderer, Jäger und Skilangläufer an, außerdem veranstaltet die Gemeinde eine jährliche Bootsparade, einen Wettbewerb im Eisfischen und eine Seetaucherzählung. Mit all diesen Leuten in unmittelbarer Nähe scheint es sonderbar, dass Knights Geheimnis so lange gewahrt blieb. Vielleicht gibt es dafür eine Erklärung.

Sobald ich den Fahrweg verlassen und mich in den Wald geschlagen hatte, fand ich mich in einem so dichten Geflecht aus Bäumen und Gestrüpp wieder, dass darin eine eigene Luftfeuchtigkeit herrschte. Augenblicklich beschlug meine Brille. Der Chris-Knight-Forst ist ein Multispezies-Primärwald, dominiert von gewaltigen Hemlocktannen, das Unterholz voller Farne und Pilze mit strahlend roten Hüten. Die Erklärung, warum niemand Knights Lager entdeckt hatte, waren die unzähligen von Moosen und Flechten überzogenen Felsen – Findlinge, groß wie ein Auto, vermutlich von einem Gletscher hertransportierte Überbleibsel der letzten Eiszeit. Um voranzukommen, musste ich mächtig herumkraxeln, mich ständig irgendwo festhalten, während unter meinen Füßen die Äste knackten, lautlos wie eine Autoalarmanlage…

Abgesehen vom zentralen Maine gibt es in den Vereinigten Staaten nicht allzu viele Orte, die einen Eremiten wie Knight beherbergen könnten. Maines Wälder haben die ideale Dichte – im Westen der USA und in Alaska sind die Wälder im Allgemeinen um einiges lichter –, und der Besiedlungsgrad ist perfekt, die Leute wohnen weder zu nah beieinander, noch verteilen sie sich über ein zu großes Gebiet. Beides wäre hinderlich für einen notorischen Einbrecher. Außerdem bleiben die Menschen in Maine gern für sich und nehmen es nicht so genau mit den Grenzen ihrer Grundstücke. Wenn man zufällig einen Fremden herumlaufen sieht, beachtet man ihn für gewöhnlich einfach nicht. Einer der Hüttenbesitzer in der Gegend, der den Großteil des Jahres im weniger toleranten Texas verbringt, meinte zu mir, jemand wie Knight hätte im Staat des einsamen Sterns kein so ungestörtes Dasein fristen können.

Die rätselhafte Wegbeschreibung des Handwerkers lautete folgendermaßen: »Steigen Sie den Hügel hoch, und sehen Sie zu, dass Ihnen dabei die Nachmittagssonne ins Gesicht scheint.« Okay, aber es gibt dort ein Dutzend kleiner Hügel, und wegen der Findlinge kann man sich unmöglich auf einer geraden Linie bewegen. Es gibt keine Pfade, dafür umso mehr Mücken und Dornen und Kletternden Giftsumach. Tannennadeln bleiben am Schweiß kleben, und wegen der Stechfliegen muss man die Ärmel herunterziehen. In jede Richtung kann man nur ein paar Meter weit sehen. Man wird klaustrophob und verliert leicht die Orientierung. Sergeant Hughes nannte die Gegend »Geißbockwald«, die örtliche Bezeichnung dafür, sich Jägern zu verwehren und lange den Schnee zu halten. Viele Einheimische nennen ihn auch den »Jarsey« in Anlehnung an die unbefestigte Jarsey Road, die durch das Gebiet führt.

Ich hatte im Wald noch nie so schnell die Orientierung verloren, deshalb gab ich auf und kämpfte mich zurück zu dem schlammigen Fahrweg, setzte mich auf einen Felsen und trank hastig mein Wasser. Der zweite Kampf mit dem Jarsey lief nicht besser. Obwohl ich immer die Sonne im Blick behielt – es war tatsächlich später Nachmittag –, irrte ich schon bald wieder ahnungslos herum. Der dritte Versuch verlief noch schlechter. Das Moos auf den Felsen war feucht und rutschig wie Eis. Ich verlor den Halt und schlug mit meinem Rucksack voller Proviant und Campingsachen der Länge nach hin und knallte mit dem Kopf auf den Felsen. Mir schwoll augenblicklich eine dicke Beule. Einer meiner Wanderstiefel war aufgerissen, er taugte nicht für diesen Wald. Knight war hier ständig herumgelaufen. Lautlos. Ohne sich zu verletzen. *Nachts.* Wie hatte er das angestellt?

Am Vortag, in seinem Büro in Skowhegan, hatte Sergeant Hughes mir beschrieben, wie es war, Knight hinterherzumarschieren, jedem seiner Schritte haargenau zu folgen. Hughes verbringt mindestens die Hälfte seiner Arbeitszeit und den Großteil seiner Freizeit in den Wäldern Maines, in seiner dunkelgrünen Uniform und schwarzen Kampfstiefeln. Er stellt Bisamratten- und Fuchsfallen auf und verdient sich so ein paar Extradollar mit dem Verkauf der Pelze. Wenn nach einem Vermissten gesucht wird, liest er den Wald mit einem an Hellseherei grenzenden Geschick. Niemand durchstreift ohne sein Wissen das Gebiet rund um den North Pond. Jeder hinterlässt eine Spur. Mit einer Ausnahme.

Als Hughes von seinem Fußmarsch mit Knight erzählte, verlor sein Blick an Intensität. Er ist ein Mann des Gesetzes und neigt nicht zur Übertreibung. In jener Nacht war er einem Kriminellen hinterhergestapft, der soeben tausend Einbrüche gestanden hatte. Aber ihn habe die blanke Ehrfurcht ergriffen.

»So etwas habe ich noch nie erlebt«, sagte Hughes. Was er

mit ansah, während er Knight folgte, sei ein Kunstwerk gewesen. »Jeder einzelne seiner Schritte, jede Bewegung war von vornherein festgelegt. Er trat immer auf dieselben Stellen, Jahr um Jahr, Jahrzehnt um Jahrzehnt.« Hughes sagte, dass Knight, während er lief, in eine Art Trance verfallen sei. »Er war völlig weggetreten.« Die Trance war so stark, dass er Hughes nicht mehr wahrnahm, als dieser ihm Fragen zu stellen versuchte. »Ich ließ ihn einfach machen«, erinnerte er sich. »Er trat nirgendwohin, wo er eine Spur hinterlassen hätte. Er zertrat keinen Zweig, keinen Farn trat er platt, kam gegen keinen Pilz. Schnee umging er. Ich war außer mir, konnte es nicht fassen. Ich war geschockt. Wahrscheinlich hätte ich ihm die Augen verbinden können, und er hätte trotzdem den Weg gefunden. Er bewegte sich wie eine Katze.«

Je länger Knights Lager sich meiner Entdeckung verweigerte, desto mehr wollte ich es finden. Die Sonne näherte sich dem Horizont, zwischen den Bäumen bahnten sich letzte Lichtstrahlen ihren Weg. Ich kam nur langsam voran. Auf jedem Findling, den ich erklomm, führte ich eine Rastersuche durch, ließ meinen Blick millimeterweise wandern, bedächtig wie bei der Stecknadelsuche im Heuhaufen.

Im Geist fing ich an, meine Umgebung zu kartografieren, prägte mir ungewöhnlich geformte Felsen und auffällige Baumgruppen ein. Und schließlich begann ich, den Wald wirklich zu sehen. In einem Areal mit außergewöhnlich großen Findlingen lag ein hoher elefantenförmiger Fels, der, wie sich herausstellte, aus zwei einzelnen Felsen bestand, die einen Spaltbreit auseinanderlagen. Man sah es nur, wenn man aus einem bestimmten Winkel daraufblickte. Dass es wie ein einziger Fels wirkte, war eine optische Täuschung, ein Trick des Waldes. Die Spalte war gerade breit genug, um mich hindurchzuzwängen, eine Geheimtür, und heraus kam ich auf einer kleinen traumartigen Lichtung. Und da war es. Das Lager.

11

Ach du meine Güte! Knight hatte aus dem Chaos eine wohnzimmergroße Lichtung erschaffen, die aus einigen Schritten Entfernung völlig unsichtbar war, geschützt von einem natürlichen Findlings-Stonehenge und einem Tannendickicht. Oben bilden die verschlungenen Äste ein dachartiges Rankengatter, das den Einblick aus der Luft verhindert. Deshalb war Knights Haut so käsig. Er hatte im ewigen Schatten gelebt. »Ich komme aus dem Wald, nicht vom Feld«, hatte er über seine Bleichheit gesagt. Der Platz war großzügig bemessen, etwa sechs Meter auf jeder Seite, mit ebenem Boden, frei von Felsen, auf einer leichten Anhöhe gelegen, die genug Durchzug bot, um die Mücken fernzuhalten, aber nicht so viel, als dass im Winter der schneidende Wind hereingeweht hätte. Für mich sah es aus, als wäre ein würfelförmiges Stück des Waldes einfach verschwunden.

»Hätte er uns nicht hingeführt, wäre das Lager wohl nie entdeckt worden«, sagte Hughes. »Er verschwand plötzlich zwischen diesen beiden riesigen Felsen, und ich dachte: ›Was zum Henker macht er da?‹ Dann, zack, tut sich eine winzige Lichtung auf.« Es gab weitere Routen, über die man das Lager erreichen konnte, doch ein dichtes Gewirr aus umgestürzten Bäumen und schroffen Felsblöcken machte sie praktisch unbegehbar. Die Elefantenfelsen waren der einzig vernünftige Zugang und ganz gewiss der dramatischste. »Wir kamen zwischen den Felsen hervor«, sagte Vance, »und mir klappte die Kinnlade herunter. Ich dachte nur: ›O mein Gott, es ist wahr.‹«

Die Polizei hatte die meisten von Knights Sachen entfernt und damit zwei Pick-up-Trucks gefüllt. Die Planen wurden heruntergerissen und das Zelt abgebaut. Nun lag es, zu einem traurigen Ball zusammengeknüllt, am Boden, ein paar Stangen ragten heraus wie Stricknadeln. Zuvor hatte man natürlich alles im Originalzustand fotografiert.

»Er hatte das Zelt in West-Ost-Richtung aufgestellt«, sagte Hughes und nickte mit widerwilliger Anerkennung. »Das war kein Zufall. Es stammt aus dem Überlebenstraining. Sein Versteck lag nicht oben auf dem Hügel und auch nicht im Tal. Es lag in der Mitte dazwischen. Er folgte Sun Tzus Prinzipien aus *Die Kunst des Krieges*. Aber der Bursche stammt aus einer Kleinstadt und hatte gerade erst die Highschool beendet, hatte keine militärische Erfahrung.«

Knight hielt sein Lager penibel sauber, fegte Laub und schippte Schnee. Nun aber, nach beinah fünf Monaten, war es bedeckt mit Tannennadeln und Laub. Ich fegte einen kleinen Bereich frei und kratzte etwas Erde weg – Hughes hatte mich darauf hingewiesen –, und zum Vorschein kam das vertraute gelb umrandete Cover einer Ausgabe des *National Geographic*, verblichen und mit Feuchtigkeit durchtränkt. Die Titelzeile war noch lesbar (»Zaire River«), ebenso das Erscheinungsdatum: November 1991.

Die Seiten zerbröselten sofort, aber darunter lag eine

weitere Ausgabe (»Florida Watershed«, Juli 1990). Dann noch eine und noch eine. In dreißig Zentimetern Tiefe lagen immer noch welche. Die Magazine waren mit Isolierband zu dicken Bündeln zusammengebunden, die Knight als »Ziegelsteine« bezeichnete. An anderen Stellen lagen Ziegelsteine aus den Zeitschriften *People*, *Vanity Fair*, *Glamour* und *Playboy*. Knight hatte seinen alten Lesestoff als Unterboden recycelt und eine ebene Fläche erschaffen, auf der Regen sich verteilen und abfließen konnte.

Im Wohnbereich hatte ein Teppich über den Magazinen gelegen. Die Außenwände seines Zuhauses bestanden, wie die Polizeifotos zeigten, aus braunen und grünen Plastikplanen und einigen schwarzen Müllsäcken. In mehreren Lagen übereinandergelegt, waren sie mit Abspannleinen an Ästen und Autobatterien befestigt gewesen und bildeten einen drei Meter hohen und dreieinhalb Meter tiefen A-förmigen Aufbau, dessen beide Enden offen waren wie ein Eisenbahntunnel. Es war eine ästhetisch ansprechende, beinah an eine Kirche erinnernde Konstruktion, die perfekt mit der Farbpalette des Waldes verschmolzen war. Es wäre schwierig gewesen, aus Plastikplanen und Müllsäcken etwas Hübscheres zu bauen.

Knights Küche befand sich am vorderen Eingang der Planenkonstruktion, dem Elefantenfelsen zugewandt, ein zweiflammiger Coleman-Gaskocher auf zwei Milchkästen und ein Zwanzig-Liter-Plastikeimer als Hocker. Ein zur Gasleitung umfunktionierter Gartenschlauch am Kocher schlängelte sich hinaus zu einer Gasflasche. Wenn gekocht wurde, sorgte die offene Konstruktion für eine natürliche Entlüftung. Die Küchenutensilien hingen an Seilen, die entlang der Planenwände gespannt waren – eine Bratpfanne, ein Becher, eine Rolle Papiertücher, ein Pfannenheber, ein Kochsieb, ein Topf. Jeder Gegenstand hatte seinen eigenen Haken. Am Boden waren Mausefallen ausgelegt. Neben einer Kühlbox stand eine Flasche Purell-Desinfektionsmittel zum Händewaschen. Seine Speisekammer bestand aus einem Vorratsbehälter aus nagetiersicherem Plastik.

Hinter der Küche lag Knights Schlafzimmer – ein kuppelförmiges Nylon-Campingzelt im Innern des A-förmigen Aufbaus, der als Tarnung für das bunte Zelt diente und zusätzlichen Schutz vor Regen bot. Im Zelt gab es Plastikbehälter für Knights Kleidung. Er hatte gesagt, es wäre ihm unangenehm gewesen, Hughes und Vance herzuführen, nicht weil sein Lager voller Diebesgut war, sondern weil es so heruntergekommen gewesen sei. Die Zeltwände hätten begonnen zu vermodern und sich aufzulösen, so etwas geschehe eben mit der Zeit. »Es war, wie wenn man jemanden ins Haus seiner Mutter mitbringt, ohne dass sie vorher hätte putzen können«, sagte Knight. Er hatte sich schon ein neues Zelt besorgt, es aber noch nicht aufgebaut. Wie jeder Hausbesitzer dachte er ständig über Verbesserungen und Renovierungsmaßnahmen nach. Vor seiner Festnahme hatte er vorgehabt, zwischen dem Teppich und den Magazinbündeln eine Kiesschicht gegen die Feuchtigkeit einzufügen.

Knight hatte ein unsagbar entbehrungsreiches Dasein geführt, aber er hatte königlich geschlafen. Als Bett diente ihm eine riesige Federkernmatratze auf einem metallenen Bettrahmen. Die Beine standen auf Holzblöcken, damit sie keine Löcher in den Zeltboden stachen. Es gab Spannbettlaken, richtige Kissen – zum Zeitpunkt seiner Ergreifung hatte er Kissenbezüge von Tommy Hilfiger benutzt – und einen Berg von Schlafsäcken, die ihn warm hielten.

Milchkästen dienten als Nachttische, auf denen sich Bücher und Zeitschriften stapelten. Er hortete Armbanduhren, Taschenlampen und tragbare Radios, Winterstiefel, Schlafsäcke, Jacken. »Ich fand es gut, immer Ersatz zur Hand zu haben, Optionen, unter denen ich wählen konnte«, erklärte er. Auch hatte er eine Wetterstation gebastelt, einen Digitalempfänger, der mit einem Außenthermometer verkabelt war, damit er nicht aus dem Bett steigen musste, um zu erfahren, wie kalt es war. Der ganze Aufbau war so klug konstruiert, dass sein Zelt niemals nass wurde.

Am Rand des Lagers diente ihm ein flacher niedriger Felsen als Waschbereich für sich selbst und seine Kleidung. Hier bewahrte er Waschmittel und Seife auf, Shampoo und Rasierzeug. Einen Spiegel habe er nicht besessen, betonte Knight. Er nahm gern Deos der Marke Axe. Siebenundzwanzig Jahre lang hatte er nicht warm geduscht, sondern sich einen Eimer kaltes Wasser über den Kopf gegossen. Neben dem Waschbereich hing zwischen vier Bäumen eine schräge Plastikplane, die das Regenwasser auffing, das er in Hundert-Liter-Plastiktonnen sammelte. Zwei bis drei dieser Tonnen waren immer voll, sodass er die meisten Trockenzeiten damit überstand. Und wenn das Wasser wirklich einmal zur Neige ging, holte er sich unten am Ufer trinkbares Seewasser. War das Regenwasser in den Tonnen nach einer Weile von Raupenkot und herabgefallenem Laub verunreinigt – »Baumschuppen«, so nannte es Knight –, goss er es vor dem Trinken durch einen Kaffeefilter. Irgendwann wurde das Wasser grünlich und trüb, dann benutzte er es nur noch zum Waschen oder kochte es ab und machte Tee.

Die Toilette lag auf der Rückseite des Lagers, am weitesten entfernt vom Eingang an den Elefantenfelsen. Sie bestand aus einigen Holzscheiten, die eine kleine Grube umrahmten. Das Toilettenpapier bewahrte er in der Planenkonstruktion auf, ebenso die Handseife. Genau wie er gesagt hatte, gab es keinen Hinweis auf eine Feuerstelle, am Boden fanden sich keine Reste von verkohltem Holz.

Die Bäume hatten ihm als Ablagen gedient. Knight hatte dicke Seile um ein Dutzend Tannen geschlungen und Gegenstände jeder Art drangehängt – Kabel, Bungeeseile, rostige Bettfedern, Plastiktüten, Scheren, Superkleber, Arbeitshandschuhe, einen verbogenen Schlüssel. »Den Schlüssel hätte man als Haken verwenden können oder um etwas aufzustemmen, als behelfsmäßigen Schraubenzieher, keine Ahnung. Ich konnte nichts wegwerfen. Ich bin ein Aufbewahrer, gebe den Dingen einen neuen Zweck.« Zwischen den Bäumen waren Wäscheleinen gespannt, und meistens hingen daran dunkle Jogginghosen, Flanellhemden, wasserfeste Jacken und Hosen.

Seine Stiefel stülpte er auf abgesägte Äste, ein Trockengestell in der Wildnis. An einem der Bäume hingen Harken und Schneeschaufeln, an einem anderen eine olivgrüne Baseballkappe und ein grauer Anglerschlapphut. Einige Sachen hatten so lange am Baum gehangen, dass der Ast um sie herumgewachsen war. Ein Klauenhammer wurde beinah vom Baumstamm verschluckt, ließ sich nicht mehr herausziehen. Und Hughes meinte, es sei mehr als alles andere dieser Hammer gewesen, der ihn habe begreifen lassen, wie lange Knight dort gelebt hatte.

Stets bestand die Möglichkeit, dass wie aus dem Nichts ein umherstreifender Wanderer auftauchte oder dass man aus der Luft nach ihm suchte. Deshalb hatte Knight alle Gegenstände, die in der Sonne glitzern könnten, abgedeckt oder zwischen den Planen aufbewahrt. Seine Kühlboxen, Metallbehälter und den Spaghettitopf hatte er von außen mit Tarnfarbe besprüht. Wenn er sie nicht benötigte, verschwand die glänzende Schneeschaufel im schwarzen Müllsack, der Stiel war mit schwarzem Klebeband umwickelt. Die Gaskartuschen bewahrte er ebenfalls in Müllsäcken auf. An den Stellen, auf die man von außen einen Blick hätte erhaschen können, wenn im Herbst das Laub von den Bäumen fiel, hatte er Planen im Camouflage-Muster aufgehängt, sogar die Wäscheklammern waren grün.

Am höchsten Punkt des Lagers, einer Art Veranda, stand noch ein grüner Gartenstuhl aus Aluminium, die Kanten der Stuhlbeine waren mit Klebeband umwickelt, um nicht in den weichen Boden zu sinken. Wie alles andere schien auch der Stuhl genau an der richtigen Stelle zu stehen, um die friedvolle Atmosphäre des Orts noch weiter zu intensivieren.

Als wir später darüber sprachen, tat Knight den Gedanken als Unsinn ab. »Glauben Sie, ich hätte da oben Feng Shui gemacht?«

Ich baute mein eigenes Zelt auf und setzte mich auf den Gartenstuhl, während zwischen den Bäumen Streifenhörnchen umherstoben und Eicheln durch das Geäst purzelten wie die Kugeln in einem Pachinko-Spielautomaten. Ein Windstoß rüttelte an den Baumkronen, wirbelte im Lager aber nur etwas Laub auf.

Schnell wurde es dunkel. Frösche räusperten sich, Zikaden zirpten wie Kreissägen. Ein Specht hämmerte auf der Suche nach Raupen. Als Letztes erklang der Ruf der Seetaucher, die Erkennungsmelodie der Nordwälder, einem Lachen oder Weinen ähnlich, je nachdem, in welcher Stimmung man sich befindet. Ein Auto fuhr über einen unbefestigten Weg, ein Hund bellte. Eine Zeitlang waren Stimmen zu hören, aber zu gedämpft, um sie zu verstehen.

Knight hatte so nah bei den Menschen gelebt, er durfte nicht einmal laut niesen. Es gibt ein schwaches Mobilfunksignal. Die Zivilisation *war da* gewesen, warme Duschen und jeder erdenkliche Komfort nur wenige Meter entfernt.

Bald wurde es wahrhaft dunkel – es machte kaum einen Unterschied, ob man die Augen öffnete oder schloss –, und etwas bewegte sich durch den Wald. Wahrscheinlich war es nur ein Hase, aber es klang wie ein Rhinozeros. Durch das Blätterdach waren ein paar Sterne zu erkennen, dazu das schiefe Lächeln eines Viertelmonds. Ein Vogel piepste aufgeregt. Dann war da nichts mehr.

Es herrschte eine so allumfassende Stille, dass sie mir buchstäblich in den Ohren dröhnte. Nicht der Hauch eines Lüftchens wehte. Ich stellte mir Knight vor, wie er gerade auf seiner Gefängnispritsche lag, das Türenschlagen in den Ohren. Und ich kam mir vor wie ein Eindringling – nicht auf einem Privatgrundstück, sondern in seinem Zuhause. Mit kalten Füßen zog ich mich in mein Zelt zurück, schaltete mein Handy aus und vergrub mich im Schlafsack.

Ein Sturm von Vogelstimmen begrüßte den Morgen. Ich öffnete das Zelt. Dunst hing zwischen den Bäumen. Im Tau schimmerten die Spinnweben wie ein Fadenspiel. Laub segelte träge herab. Der Herbst rückte näher, und die Luft roch nach Baumsaft. Ich schaltete mein Handy an und sah, dass ich zwölf Stunden geschlafen hatte, mein längster Schlaf seit Jahren.

12

Bevor Christopher Knight über ein Vierteljahrhundert im Wald lebte, hatte er keine einzige Nacht im Zelt verbracht. Er wuchs eine Fahrstunde östlich seines Verstecks in Albion auf, einem Dorf mit zweitausend Einwohnern und viertausend Kühen. Chris ist das fünfte Kind von Joyce und Sheldon Knight. Er folgte auf seine Brüder Daniel, Joel, Jonathan und Timothy. Er hat auch eine jüngere Schwester, Susanna, die das Down-Syndrom hat. Joyce zog die Kinder groß, und Sheldon, ein Navy-Veteran, der in Korea gedient hatte, arbeitete in einer Molkerei, wo er die Lieferwagen wusch. Sie wohnten auf einem fünfundzwanzig Hektar großen Waldgrundstück mit Apfelbäumen und Himbeersträuchern in einem einfachen einstöckigen Farmhaus, dessen Vorderveranda mit Fliegengittern geschützt war.

Die Knight-Kinder mussten mit anpacken bei der Farmarbeit. »Wir waren Leute vom Land«, sagte Chris. Sie schlugen Holz für den heimischen Ofen, pflückten Beeren für Joyces Marmeladen und Gelees und kümmerten sich um den hektargroßen Garten, den sie mit dem Traktor bestellten.

Unter der Anleitung ihres Vaters lernten Chris und seine Brüder, alles zu reparieren, was kaputt war, ob Motoren oder Elektrisches, und sie bauten sich alles selbst, was sie wollten. Eines der Familienprojekte war eine von Sheldon entworfene Hütte, die auf ihrem Land inmitten eines Zedernhains stand, funktional und dabei kunstvoll. Die Wände bestanden aus sorgsam eingemörtelten Steinen, jeden einzelnen davon hatten die Brüder gesammelt. Ein Zweihundert-Liter-Ölfass wurde zum Ofen umfunktioniert und mit einem selbst gebauten Abluftrohr versehen. Während der Hirschjagd war die Steinhütte ein idealer Unterschlupf.

Abends lasen die Knights meist, Vater und Mutter saßen im Schaukelstuhl, ein Buch in der Hand. Ein Freund der Familie, Kerry Vigue, sagte, das Haus hätte einer Bibliothek geglichen. Die Knights abonnierten Zeitschriften wie *Organic Gardening* und *Mother Earth News*, und sie besaßen die vollständige *Firefox*-Buchreihe, in der in allen Einzelheiten ländliche Fertigkeiten wie Häutegerben und Bienenzucht erläutert werden. Chris sagte, als Kind habe er ein Dutzend der *Time-Life*-Geschichtsbücher verschlungen, die es in der Grundschulbücherei gab.

Joyce und Sheldon erwarteten von ihren Söhnen ausgezeichnete schulische Leistungen, und die erbrachten sie auch. Frühere Lehrer und Klassenkameraden beschrieben die Knight-Brüder ausnahmslos als ungewöhnlich klug. »Eine Familie voller Intelligenzbestien«, erinnerte sich einer. Mehr noch als auf gute Schulnoten hätten seine Eltern Wert auf »Yankee-Geschick« gelegt, erklärte Chris – Intelligenz gescheit zu verwenden. »Es ist besser, zäh und clever zu sein als stark und intelligent«, wiederholte er eine Familienmaxime. »Ich war zäh und clever.«

Die Familie experimentierte ständig mit neuem Saatgut, um die Erträge zu maximieren. Sie bauten Kartoffeln, Bohnen, Kürbis und Mais an. »Grundnahrungsmittel, um einer Horde von Jungs die Bäuche zu füllen«, sagte Chris.

Die Knights beschäftigten sich auch mit Thermodynamik und bauten ein kleines Treibhaus, indem sie Hunderte von wassergefüllten Drei-Liter-Milchpackungen in die Erde steckten und dadurch eine sogenannte Wärmesenke erschufen. Aufgrund der Beschaffenheit der elektromagnetischen Bindung zwischen Wassermolekülen – Chemiker bezeichnen solche Moleküle als »klebrig« – speichert Wasser rund viermal so viel Thermalenergie wie der Erdboden. Tagsüber absorbierte das Wasser im Knight'schen Treibhaus die Wärme und gab sie nach Sonnenuntergang wieder ab. Mit dieser Methode bauten sie den ganzen Winter über Lebensmittel an, ohne einen einzigen Cent für die Beheizung ihres Treibhauses auszugeben. »In meiner Familie hat man die Dinge selbst in die Hand genommen, um möglichst autark zu sein«, sagte Chris.

Das Geld war immer knapp. Wenn Sheldon nach Hause kam und ein paar Münzen in der Tasche hatte, warf er sie in eine Kaffeedose, und am nächsten Morgen verteilte Joyce sie unter den Jungs als Milchgeld. Altmetall und alte Maschinenteile warfen sie nie weg.

Chris beschrieb seine Familie als »extrem zurückgezogen«, und er flehte darum, dass man sie nicht kontaktieren möge, zumindest solange er noch im Gefängnis saß. Die Knights verkehrten nur mit einer kleinen Gruppe von

Freunden und Verwandten und praktisch niemandem sonst. Der Wunsch, allein zu sein, entspringt zum Teil einer genetischen Veranlagung, haben Biologen herausgefunden, und ist in einem gewissen Grad messbar. Wenn der Oxytocinanteil im Hormonspiegel gering ist und der des Hormons Vasopressin hoch – es kann den Wunsch nach Zuwendung unterdrücken –, neigt man dazu, weniger zwischenmenschliche Beziehungen zu benötigen als andere Menschen.

Jeder von uns erbe von seinen Eltern einen gewissen Bedarf an sozialer Einbindung, schreibt John Cacioppo in seinem Buch *Einsamkeit*. Der Direktor des Zentrums für kognitive und soziale Neurowissenschaft an der Universität von Chicago sagt, jeder Mensch besitze einen natürlichen genetischen Thermostat für Zwischenmenschlichkeit. Knights Thermostat muss nahe null stehen.

Chris' Vater Sheldon starb im Jahr 2001 – Chris erfuhr davon erst nach seiner Verhaftung, mehr als ein Dutzend Jahre später –, doch Joyce, inzwischen über achtzig, lebt noch und wohnt nach wie vor im selben Haus mit ihrer Tochter, um die sie sich weiterhin kümmert. Der älteste Sohn Daniel, zehn Jahre älter als Chris, wohnt in einem mobilen Haus auf einem angrenzenden Grundstück. Der nächste Nachbar, John Boivin, sagte, er wohne seit vierzehn Jahren neben den Knights und habe noch immer niemandem aus der Familie hallo gesagt. Manchmal sieht er Joyce aus der Ferne die Zeitung holen. Chris' Schwester Susanna wurde seit Jahrzehnten nicht in der Öffentlichkeit gesehen.

»Ich kenne jeden in Albion«, sagte Amanda Dow, die beinah zwanzig Jahre im Rathaus gearbeitet hat, »aber an die Gesichter der Knights erinnere ich mich nicht«. Leute, die Sheldon kannten, beschrieben ihn als introvertiert. Bob Milliken, ein Milchbauer aus Albion und entfernter Cousin von Sheldon, sagte, die Knights seien »kluge, ehrliche, hart arbeitende, sich selbst versorgende, allseits respektierte, stille Leute«. Er fügte an, bei den seltenen Begegnungen mit ihnen habe man sich aber »mehr oder weniger nur übers Wetter« unterhalten.

Chris gab an, eine schöne Kindheit gehabt zu haben. »Da gibt es nichts zu meckern. Ich hatte gute Eltern.« Keins der Familienmitglieder war jemals mit dem Gesetz in Konflikt gekommen. Zwei seiner Brüder, Joel und Timothy, haben ihn im Gefängnis besucht, die Einzigen aus seiner Familie. Chris gab zu, sie nicht erkannt zu haben. Nur Joels Lachen klang ihm vertraut. Die Brüder sagten, sie hätten sich oft gefragt, was Chris zugestoßen war. Sie hätten ihn für tot gehalten, brachten diesen Gedanken gegenüber ihrer Mutter aber nie zum Ausdruck. Sie hätten ihr die Hoffnung lassen wollen, dass er noch lebte. Es schien sie zu trösten. Vielleicht wohne er ja in Texas, sagten sie ihr oft. Oder in den Rocky Mountains. Oder gar in New York.

Die Familie wandte sich wegen Chris' Verschwinden nie an die Polizei, erstattete keine Vermisstenanzeige. »Sie nahmen an, ich wäre verschwunden, um selbst etwas auf die Beine zu stellen«, sagte Chris. »Oder um ein Abenteuer zu erleben. Wir Yankees sehen die Welt anders.«

Sergeant Hughes sagte, dass die Knights nicht die Polizei eingeschaltet hatten, habe ihn nicht überrascht. »Sie sind eine Familie aus dem tiefsten Maine«, meinte er. »Solche Leute bleiben für sich.«

Als kleiner Junge schenkte Chris seiner Mutter Sträuße aus selbstgepflücktem Flieder, sobald dieser erblühte. »Ich mag den Duft und die Farbe, und es ist eine der ersten Blumen, die im Frühling blühen. Ich dachte, ich hätte etwas ganz Neues entdeckt«, sagte er. Davon abgesehen gab es kaum offene Liebesbekundungen in der Familie. »Wir hatten nicht das Bedürfnis, ständig unsere Gefühle auszudrücken«, fuhr Chris fort. »Das war nicht unsere Art. Gerade wir Jungs waren nicht besonders gefühlsbetont. Wir haben uns auch ohne große Worte verstanden. So war es eben bei uns.«

Leute, die Chris als Kind kannten, beschrieben ihn als »still, schüchtern und strebsam«. Aber dass er in irgendeiner Form merkwürdig gewesen sei, meinte niemand. »Ich fand ihn überhaupt nicht seltsam«, sagte Jeff Young, der mit ihm die Grundschule und die Highschool besuchte und oft den Schulbus mit ihm nahm. »Er war ein blitzgescheiter humorvoller Junge.« Knight konnte überaus lustig sein und spielte anderen gern einen Streich. Young erinnerte sich, dass Chris im gemeinsamen schulischen Fahrunterricht einmal absichtlich zu nah an den Straßenrand gefahren war und die Büsche gestreift hatte. Es hatte geregnet, und der Fahrlehrer auf dem Beifahrersitz habe durch das heruntergekurbelte Fenster eine ordentliche Wasserdusche abbekommen.

Die Knight-Familie ging nie zum Skilaufen. Hummer aß

man auch keinen. »Es entsprach nicht unserer Sozioökonomie«, sagte Chris. Sie besaßen Schneeschuhe – »die langen Bärentatzen aus Holz« –, und sie fischten mit lebenden Ködern. Im Winter fuhr die Familie in das Jagdlager eines Verwandten in den North Woods, wo die Knight-Brüder bis spät in die Nacht auf Schneemobilen herumbretterten.

Einmal ging Chris mit seinem Bruder Joel zum Fallschirmspringen. Sie hörten sich die Anweisungen an, starteten in einer kleinen Propellermaschine und sprangen heraus. Es war Chris' einziger Flug. »Ich bin also in einem Flugzeug gestartet, aber nie in einem gelandet. Wie amüsant.«

Als jüngster Sohn hatte Chris bei seinen Brüdern einen schweren Stand. Sie gaben ihm den Tiernamen Fudd, vielleicht nach der Zeichentrickfigur Elmer Fudd, Bugs Bunnys trotteligem Widersacher. Seine Eltern waren streng – Schularbeiten machen, früher Zapfenstreich, kein Junkfood. Der Cousin Kevin Nelson erzählte dem *Kennebec Journal*, er sei manchmal mit dem Fahrrad zu den Knights gefahren, um den Jungs Süßigkeiten zu bringen. »Sie haben eine Schnur aus dem Schlafzimmerfenster heruntergelassen und dann eine Tüte voller Süßkram hochgezogen«, sagte Nelson. »Ich glaube, sie haben nie im Leben Brause getrunken.«

Sheldons Leidenschaft war die Jagd. Sein Nachruf in der *Morning Sentinel* enthielt einen kurzen Satz darüber: »Er hatte Freude an der Jägerei.« An seinem Bett lag ein Fell von einem selbsterlegten Schwarzbären. Manchmal begleitete Chris seinen Vater bei der Jagd. »Da habe ich dann hinten auf dem Pick-up geschlafen«, sagte er. »Aber niemals allein und nie in einem Zelt. Ich schlief immer zu Hause im Bett, wo meine Eltern wussten, wo ich war.«

Einmal zählte Chris zu den glücklichen Gewinnern in Maines Elch-Lizenzlotterie. Er war sechzehn Jahre alt und zog mit seinem Vater, der ihm ein .270-Winchester-Repetiergewehr gegeben hatte, in die Wälder an der Grenze zu Kanada. Er schoss einen weiblichen Vierhundert-Kilo-Elch und nahm das Tier an Ort und Stelle aus. »Ich war so stolz. Eine eigene Lizenz. Das erlegte Wild. In dem Jahr haben wir gut gegessen.«

Auf der Lawrence Highschool, an der es in seinem Jahrgang zweihundertvierundzwanzig Schüler gab, fühlte Chris sich »unsichtbar«. Er nahm an keinen Veranstaltungen teil, machte keinen Sport, trat keinem Club bei. Er ging nie zu einem Footballspiel, und auch dem Abschlussball blieb er fern, obwohl er, wie er sagte, zwei oder drei Freunde hatte. Sein Klassenkamerad Larry Stewart rief sich einige gemeinsam verbrachte Abende ins Gedächtnis. »Ich erinnere mich besonders an einen«, sagte Stewart. »Wir fuhren im Wagen irgendeines Freundes mit, Chris saß hinten. Wir haben gemacht, was Jugendliche in Maine eben so machen. Wir haben keine Kühe umgekippt oder so was, aber ein paar Biere haben wir uns schon besorgt. Wir sind herumgefahren und haben Foreigner und Aerosmith gehört, kann sein, dass wir bei McDonald's waren oder so. Chris war pfiffig und freundlich. Mir ist nichts Komisches an ihm aufgefallen, aber wer weiß schon, was wirklich in ihm vorgegangen ist?

Wir Mainer sind sehr eigen. Wir machen die Dinge mit uns selbst aus, die Familie geht über alles.«

Eines Tages beschlossen Chris und Jeff Young, die Schule zu schwänzen und stattdessen fischen zu gehen. »Wir haben es einen Tag vorher geplant«, sagte Young, »und sind am Morgen mit unserem Angelzeug losgezogen. Nur wir beide. Ich glaube, er mochte es nicht, unter zu vielen Menschen zu sein. Wir gingen zwei, drei Meilen auf die Metallbrücke am Sebasticook River zu, erreichten sie aber nie.« Sheldon, der Vater, musste etwas geahnt haben, denn plötzlich kam er in seinem roten Dodge Pick-up herangefahren. Chris hatte großen Respekt vor ihm und vielleicht auch ein bisschen Angst, so Youngs Eindruck. Wortlos stieg Chris in den Pick-up und verschwand.

Im Highschool-Abschlussjahr besuchte Chris, wie fast jeder Schüler in Maine, einen Kurs namens Jagdsicherheit und Outdoorpraxis. Er lernte, wie man einen Kompass liest und einen Unterschlupf baut. »Daran muss ich immer denken«, erzählte sein Lehrer Bruce Hillman. »Ich habe meinen Schülern stets gesagt, dass es okay ist, in einer Notsituation, in der es um Leben und Tod geht, in eine Blockhütte einzubrechen, auf die man zufällig stößt. Man akzeptiert das in Maine. Ich besitze auch so eine Hütte und lasse immer ein paar Vorräte zurück für den Fall, dass jemand sie braucht. Man weiß ja nicht, was meine Worte bei einem jungen Burschen auslösen. Ich dachte dabei doch an eine Überlebenssituation von zwei oder drei Tagen, nicht an zwanzig Jahre.«

Anfang der achtziger Jahre kamen die ersten PCs auf

den Markt, und Knight war fasziniert – man hätte erwartet, Chris wäre technophob, doch er war ein Frühstarter. Dementsprechend war sein Berufswunsch »Computertechniker«, heißt es im Highschool-Jahrbuch. (Unbefriedigenderweise war sein Rufname »Knight«, nicht »Nerd«.) Doch sein Lieblingsfach war Geschichte.

»Sport konnte ich nicht leiden«, sagte er. »Die Sportlehrer auch nicht. Wie lautet noch der Woody-Allen-Spruch? ›Wer nichts kann, der unterrichtet, wer nicht unterrichten kann, gibt Sport …‹ Ich hatte mir eine Methode ausgedacht, wie ich den Sport schwänzen und stattdessen in der Schulbibliothek lesen konnte. Auf diese Weise habe ich mich vier Jahre lang vorm Sport gedrückt. Ich bin gut in Form und kein Schwächling. Ich hatte einfach keine Lust, in einer Mannschaft zu sein. Im Sportunterricht kam ich mir immer vor wie ein Gefangener in *Herr der Fliegen*. Kann man wirklich erwarten, mich Volleyball spielen zu sehen?«

Nach Beendigung der Highschool belegte Chris an der Sylvania Technical School in Waltham, Massachusetts, außerhalb von Boston, einen neunmonatigen Elektronikkurs, zu dessen Lehrplan auch das Reparieren von Computern gehörte. Zwei seiner Brüder hatten den gleichen Kurs absolviert. Nach dessen Beendigung blieb er in Waltham und fand einen Job, bei dem er in Häusern und Autos Alarmanlagen installierte und nützliche Kenntnisse für seine spätere Karriere als Einbrecher erwarb. Er mietete ein Zimmer und kaufte sich sein erstes – und letztes – Auto, einen brandneuen weißen 1985er Subaru Brat. Sein Bruder

Joel unterzeichnete den Kreditvertrag als Bürge. »Das war total nett von ihm, und ich habe ihn hängengelassen«, sagte Chris. »Ich bin ihm bis heute eine Stange Geld schuldig.«

Er arbeitete weniger als ein Jahr, dann kündigte er unvermittelt seinen Job. Nicht einmal das Arbeitswerkzeug gab er zurück, erklärte Kerry Vigue, ein langjähriger Freund der Familie. Der erzürnte Chef wandte sich an Chris' Familie und forderte mehrere Hundert Dollar Schadensersatz für das fehlende Werkzeug und drohte mit einer Klage. Letztlich zahlten die Knights den geforderten Betrag, berichtete Vigue.

Chris ließ sich unterdessen bei der Bank seinen letzten Lohn auszahlen und verließ die Stadt. Er sagte niemandem, wohin er wollte. »Es gab niemanden, dem ich es hätte erzählen können«, erklärte er. »Ich hatte keine Freunde. Meine Arbeitskollegen interessierten mich nicht.« Er fuhr in seinem Subaru nach Süden. Er war zwanzig Jahre alt. Er aß Fastfood und übernachtete in billigen Motels: »...in den billigsten, die es gab.« Nach tagelanger Fahrt fand er sich plötzlich im tiefsten Florida wieder. Touristenorte, Museen, Strände, all das ließ er links liegen. Er hielt sich in der Nähe des Highways und tat offenbar nichts anderes, als im Auto zu sitzen und die Welt zu beobachten, abgeschottet hinter Metall und Glas. Irgendwann drehte er um und fuhr wieder nach Norden. Er hörte Radio. Ronald Reagan war Präsident; gerade hatte sich der Super-GAU in Tschernobyl ereignet.

Etwas geschah mit Chris während dieser Fahrt, der ersten und einzigen Autoreise seines Lebens. Er fuhr durch Georgia, South und North Carolina und Virginia, gesegnet mit der Unbesiegbarkeit der Jugend, »berauscht vom Fahren«, und ein Gedanke führte zu einer Erkenntnis, die sich wiederum zu einem Entschluss verfestigte. Zeit seines Lebens hatte er sich allein am wohlsten gefühlt. Mit anderen Menschen zu interagieren war oft frustrierend. Jede Begegnung mit einer anderen Person kam ihm wie eine Kollision vor. Während er fuhr, spürte er womöglich die in ihm rumorende Furcht und Aufregung, so als stünde er an einem Abgrund, den er mit einem radikalen Sprung überqueren wollte.

Er kehrte nach Maine zurück. Dort gibt es im Landesinneren nicht viele Straßen, und er nahm die, die am Haus seiner Eltern vorbeiführt. Es war kein Zufall. »Ich glaube, ich wollte es einfach noch einmal sehen, mich innerlich verabschieden.« Er hielt nicht an. Ein letztes Mal sah er sein früheres Zuhause – durch die Windschutzscheibe des Subaru.

Er fuhr »weiter und weiter und weiter«. Bald erreichte er das Ufer des Moosehead Lake, des größten Sees in Maine, wo der Bundesstaat so richtig einsam wird. »Ich bin gefahren, bis das Benzin fast alle war. Ich nahm eine schmale Landstraße und dann eine noch schmalere. Dann einen unbefestigten Weg.« Er fuhr so weit in die Wildnis hinein, wie es mit dem Auto ging.

Er stellte den Wagen ab und legte den Zündschlüssel auf die Mittelkonsole. Er hatte ein Zelt und einen Rucksack dabei, aber keinen Kompass und keine Landkarte. Ohne zu wissen, wo es hingehen sollte, ohne bestimmtes Ziel marschierte er los und verschwand zwischen den Bäumen.

13

Aber warum? Warum verlässt ein Zwanzigjähriger, der einen Job, ein Auto und jede Menge Verstand hat, urplötzlich die Zivilisationsnormalität? Das Ganze trug Elemente eines Selbstmords in sich, nur dass er sich nicht umbrachte. »Für den Rest der Welt habe ich aufgehört zu existieren«, sagte Knight. Seine Familie musste fürchterlich gelitten haben. Sie hatten keine Ahnung, was mit ihm passiert war. Aber dass er tot sein sollte, konnten sie nicht vollständig akzeptieren. Als sein Vater fünfzehn Jahre nach Knights Verschwinden verstarb, stand Chris im Nachruf in der Liste der Trauernden.

Sein letzter Moment als Mitglied der Gesellschaft – »Ich habe den Zündschlüssel einfach auf die Mittelkonsole gelegt« – scheint besonders rätselhaft. Seine Eltern hatten Knight dazu erzogen, mit Geld vernünftig zu wirtschaften, und der Subaru war seine teuerste Anschaffung überhaupt gewesen. Das Auto war noch kein Jahr alt, und doch ließ er es einfach stehen. Warum behielt er den Zündschlüssel nicht, nur zur Sicherheit? Es hätte ja sein können, dass ihm das Leben in der Wildnis nicht zusagte.

»Das Auto war nutzlos für mich. Der Tank war so gut wie leer und die nächste Tankstelle meilenweit entfernt.« Soweit bekannt, steht der Subaru immer noch an derselben

Stelle, nahezu vom Wald verschluckt, halb Teil der Wildnis, halb Produkt der Zivilisation, so wie wohl Knight selbst.

Er erklärte, nicht gewusst zu haben, warum er die Welt hinter sich ließ. Er habe lange über diese Frage nachgedacht, sei aber zu keiner Antwort gelangt. »Es ist ein Mysterium«, sagte er. Er konnte keinen spezifischen Grund benennen – kein Kindheitstrauma, keinen sexuellen Missbrauch. Es gab weder Alkoholismus noch Gewalt in seinem Elternhaus. Er hatte nichts zu verbergen versucht, wollte kein Verbrechen verschleiern oder vor einer Verwirrung bezüglich seiner sexuellen Ausrichtung fliehen.

Wie auch immer, wegen seelischer Belastungen dieser Art wird ein Mensch für gewöhnlich nicht zum Einsiedler. Es gibt die verschiedensten Bezeichnungen für solche Leute – »Eremit«, »Mönch«, »Misanthrop«, »Anachoret«, »Swami« –, aber eine feststehende Definition oder qualifizierende Normen existieren nicht, außer dem Wunsch, überwiegend allein zu sein. Einige Eremiten tolerierten einen steten Strom von Besuchern, lebten in Städten oder verkrochen sich in Universitätslaboren. Aber praktisch alle historischen Eremiten lassen sich drei allgemeinen Gruppen zuordnen – Empörer, Pilger, Träumer –, und diese Unterteilung erklärt per definitionem den Rückzug jener Leute aus der Welt.

Empörer-Eremiten verachten, was aus der Welt geworden ist, und ziehen sich deshalb aus ihr zurück. Einige bezeichnen Kriege als den Hauptgrund für ihren Rückzug oder Umweltzerstörung, Verbrechen, Konsumdenken, Armut oder extremen Reichtum. Oft fragen sich diese Eremiten, wie der Rest der Welt nur so blind sein kann, dass er nicht erkennt, was wir uns antun.

Der französisch-schweizerische Philosoph Jean-Jacques Rousseau schrieb im 18. Jahrhundert, er ziehe die Einsamkeit vor, weil sie ihm wünschenswerter scheine als die von Hass und Betrug genährte Gesellschaft niederträchtiger Menschen.

Über weite Teile der chinesischen Geschichte hinweg war es üblich, sich über einen korrupten Kaiser zu empören, indem man sich der Gesellschaft entzog und ins bergige Landesinnere verschwand. Leute, die dies taten, entstammten zumeist der Oberklasse, waren gebildet und in China derart hoch angesehen, dass es sich der Überlieferung nach zuweilen begab, dass ein redlicher Kaiser bei der Suche nach einem Nachfolger seine Familienmitglieder überging und stattdessen einen dieser besagten Einsiedler erwählte. Die meisten von ihnen schlugen das Angebot jedoch aus, denn in ihrer Einsamkeit hatten sie Frieden gefunden.

Das berühmte literarische Werk *Tao Te King: Das Buch vom Sinn und Leben* wurde vermutlich im 6. Jahrhundert v. Chr. im alten China von Laotse verfasst, der es verstand, sich vor den Augen der Welt gut zu verbergen. In einundachtzig kurzen Versen entwickelt es eine Lehre vom Urprinzip Tao und dessen Wirken in der Welt, dem Rückzug aus der menschlichen Gesellschaft und dem Nichteingreifen in die Natur. In einem der Verse heißt es, Weisheit erlange man nur durch Leere und Nichtstun, nicht durch Streben und Handeln. Das bis heute viel gelesene Buch gilt seit über zweieinhalbtausend Jahren als Manifest eines wahren Eremiten.

Im heutigen Japan gibt es rund eine Million »Einsiedler«, die sich über die Zivilisationsnormalität empören. Man nennt sie die »Hikikomori« – »die, die sich einschließen«. Dabei handelt es sich überwiegend um männliche Personen, zumeist ältere Jugendliche und Twens, die Japans auf Konformität, Konkurrenzdenken und Dauerdruck basierende Kultur ablehnen. Sie haben sich in ihre Kinderzimmer zurückgezogen und verlassen sie zuweilen jahrelang nicht mehr. Sie verbringen ihre Tage mit Lesen oder Surfen im Internet. Ihre Eltern stellen ihnen die Mahlzeiten an die Tür, und Psychologen bieten ihnen Onlineberatung an. In den Medien bezeichnet man sie als »die verlorene Generation« und »die fehlende Million«.

Pilger – religiöse Einsiedler – bilden die bei weitem größte Eremitengruppe. Der Zusammenhang zwischen Alleinsein und spirituellem Erwachen ist tiefgreifend. Nach seiner Taufe im Jordan zog Jesus von Nazareth sich in die Wildnis zurück und lebte dort vierzig Tage in völliger Abgeschiedenheit, ehe er seine Apostel um sich zu scharen begann. Siddharta Gautama setzte sich im 5. Jahrhundert v. Chr. (einer Version der Geschichte zufolge) in Indien unter eine Pappelfeige (den Bodhibaum), meditierte neunundvierzig Tage lang und wurde zum Buddha. Der Überlieferung nach zog sich der Prophet Mohammed 610 n. Chr. nahe Mekka in eine Höhle zurück, wo ein Engel ihm den ersten von vielen Versen offenbarte, aus denen schließlich der Koran wurde.

In der hinduistischen Philosophie reift im Idealfall jeder Mensch zum Eremiten heran. Ein Sadhu zu werden und damit alle familiären und materiellen Bande zu lösen, ist die vierte und letzte Lebensphase. Einige Sadhus reichen bei den Behörden ihre eigene Sterbeurkunde ein, da ihr Leben ihnen als abgeschlossen erscheint. Fortan gelten sie im Staat Indien offiziell als tot. Es gibt dort heute mindestens vier Millionen Sadhus.

Nach dem Aussterben der Wüstenväter und -mütter kam im Mittelalter eine neue Art des christlichen Einsiedlers auf, diesmal in Europa. Man nannte sie die Anachoreten – der Name wurde von dem altgriechischen Wort für »Rückzug« abgeleitet –, und sie lebten in winzigen dunklen Zellen, die zumeist an der Außenmauer einer Kirche lagen. Oftmals gehörte zur Initiierungszeremonie für einen neuen Anachoreten seine Letzte Ölung, und manches Mal wurde gar die Zellentür zugemauert. Man erwartete von Anachoreten, den Rest ihres Lebens in ihrer Zelle zu verbringen; in einigen Fällen blieben sie dort über vierzig Jahre. Dieses Dasein würde ihnen, wie sie glaubten, einen direkten Draht zu Gott ermöglichen und ihnen Erlösung schenken. Durch ein kleines Loch in der Mauer schoben Helfer ihnen Essen herein und leerten den Nachttopf.

In so gut wie jeder größeren Stadt der heutigen Länder Frankreich, Italien, Spanien, Deutschland, England und Griechenland gab es einen Anachoreten. In vielen Gegenden waren es mehr Frauen als Männer. Im Mittelalter unterlag das Leben einer Frau strikten Restriktionen, und eine

Anachoretin zu werden – frei von sozialen Einschränkungen oder häuslicher Plackerei –, mag vielen Frauen wie ein emanzipatorischer Akt erschienen sein. Gelehrte bezeichneten weibliche Anachoreten als Vorreiterinnen des modernen Feminismus.

Träumer sind der modernste Typus des Eremiten. Im Gegensatz zu den Empörern und Pilgern, deren Motivlage anders geartet ist, suchen Träumer die Abgeschiedenheit, um in größtmöglicher Freiheit ihren künstlerischen Ambitionen nachzugehen oder um zu wissenschaftlichen Erkenntnissen oder einem tieferen Selbstverständnis zu gelangen. Thoreau zog in eine Wald-Blockhütte, um in sein Inneres zu reisen und, wie er schrieb, für den Ozean der eigenen Einsamkeit Kolumbus zu sein.

Zahllose Dichter, Maler, Philosophen und Wissenschaftler wurden als »Eremiten« bezeichnet, darunter Charles Darwin, Thomas Edison, Emily Brontë und Vincent van Gogh. Herman Melville, der Autor von *Moby Dick,* hielt sich dreißig Jahre lang weitestgehend von der Öffentlichkeit fern. »Alle tiefgründigen Dinge und Emotionen der Dinge«, schrieb er, »sind vorangestellt und durch das Schweigen beigewohnt.« Flannery O'Connor verließ ihre Farm in Georgia nur höchst selten. Albert Einstein wurde in Princeton zum »wissenschaftlichen Einsiedler«.

Der amerikanische Essayist William Deresiewicz schrieb, dass wahrhaft vorzügliche Leistungen in der Kunst, der Philosophie, der Wissenschaft oder Ethik nicht ohne Einsamkeit entstehen können. Der Historiker Edward Gibbon erklärte,

Einsamkeit sei die Schule des Genies. Platon, Descartes, Kierkegaard und Kafka wurden allesamt als Einsiedler beschrieben. »Erst wenn wir die Welt verloren haben«, schrieb Thoreau, »fangen wir an, uns selbst zu finden.«

»Thoreau war ein Dilettant«, so Chris Knight über den großen Transzendentalisten.

Möglicherweise stimmt das. Ab 1845 verbrachte Thoreau zwei Jahre und zwei Monate in seiner Hütte am Waldensee in Massachusetts. Gern begab er sich im Städtchen Concord unter die Leute. Oft aß er mit seiner Mutter zu Abend. Als er im Wald wohnte, hatte er mehr Besucher als jemals sonst in seinem Leben, schrieb er. Bei einer Dinnerparty erschienen zwanzig Gäste in seiner Hütte.

Während Knight im Wald lebte, betrachtete er sich nicht als Eremiten – er gab sich keine Bezeichnung –, doch als wir über Thoreau sprachen, machte er eine bestimmte Äußerung, sagte, Thoreau sei »kein echter Eremit« gewesen.

Die Veröffentlichung von *Walden oder Leben in den Wäldern* mag Thoreaus größte Sünde gewesen sein. Knight meinte, ein Buch zu schreiben, seine Gedanken in eine Ware zu verwandeln, sei etwas, was ein echter Eremit niemals tun würde. Ebenso schmeiße ein Eremit keine Partys oder treibe sich in der Stadt herum. Es seien nach außen, an die Gesellschaft gerichtete Handlungen. In gewisser Weise verkündeten sie ein und dieselbe laute Botschaft: »Hier bin ich!«

Und doch kommunizierten beinah alle Eremiten mit der Außenwelt. Dem *Tao Te King* folgend, begannen in China derart viele Empörer-Eremiten Gedichte zu verfassen, dass das Genre eine eigene Bezeichnung erhielt: *Shanshui* (Berg-Wasser).

Der heilige Antonius war einer der ersten Wüstenväter und inspirierte Tausende von christlichen Eremiten dazu, seinem Beispiel zu folgen. Um 270 n. Chr. zog Antonius in eine leere Grabkammer in Ägypten und blieb über zehn Jahre dort. Danach lebte er weitere zwanzig Jahre in einem verlassenen Kastell am östlichen Nilufer am Rand der Wüste und ernährte sich nur von Wasser, Salz und Brot, das ihm Helfer brachten. Er schlief auf dem blanken Boden, wusch sich nicht und verschrieb sich einer intensiven, oftmals schmerzvollen Frömmigkeit.

Seinem Biografen zufolge, dem heiligen Athanasius von Alexandria, der ihn persönlich gekannt hatte, habe Antonius seine Einkehr mit reiner Seele abgeschlossen und sei in den Himmel gekommen. Athanasius fügt jedoch an, Antonius sei während seiner Wüstenzeit überrannt worden von Ratsuchenden. »Die vielen Menschen«, sagte Antonius, »machen es mir unmöglich, allein zu sein.«

Selbst die Anachoreten, die sich freiwillig einsperren ließen, konnten sich von der mittelalterlichen Gesellschaft nicht vollständig lösen, im Gegenteil. Ihre Zellen befanden sich oft mitten in der Stadt, und die meisten hatten ein kleines Fenster, durch das die Eremiten mit den zahlreich erscheinenden Ratsuchenden sprachen. Denn die Besucher hatten schnell gemerkt, dass eine Unterredung mit einem empathischen Anachoreten ihnen größeren inneren Frieden bescherte, als wenn sie lediglich einen fernen gleichgültigen Gott anbeteten. Die Anachoreten erlangten einen weit verbreiteten Ruf als Weise, und mehrere Jahrhunderte lang erörterte Europas Bevölkerung mit ihnen die Fragen über Leben und Tod.

Knight schoss im Wald kein einziges Foto, schrieb nicht einen Satz, empfing keine Gäste zum Abendessen. Er hatte sich vollständig von der Welt abgewandt. Keine Eremitenkategorie passt auf ihn. Es gab kein eindeutiges Warum. Etwas, was er nicht richtig erspüren konnte, zog ihn mit der Beharrlichkeit der Schwerkraft von der Welt fort. Er war einer der dienstältesten Einsiedler überhaupt, ebenso einer der leidenschaftlichsten. Christopher Knight war ein echter Eremit.

»Ich kann nicht erklären, warum ich es getan habe«, sagte er. »Als ich verschwand, hatte ich keinen Plan. Ich habe an nichts gedacht. Ich habe es einfach gemacht.«

14

Eigentlich hatte Knight doch einen Plan. Oder vielmehr das Gegenteil eines Plans. So oder so, er hatte ein Ziel: sich in Luft aufzulösen, verlorenzugehen. Er floh nicht nur vor dem Rest der Welt, sondern letzten Endes auch vor sich selbst. Er hatte nur eine rudimentäre Campingausrüstung dabei, ein paar Kleidungsstücke zum Wechseln und ein wenig zu essen. »Mehr war es nicht«, sagte er. Den Zündschlüssel ließ er im Wagen liegen und entschwand in den Wald.

Verlorenzugehen ist gar nicht so leicht. Jeder, der sich in der freien Natur halbwegs auskennt, weiß normalerweise, in welche Richtung er geht. Die Sonne bewegt sich gen Westen, die anderen Himmelsrichtungen lassen sich somit leicht bestimmen. Knight wusste, dass er nach Süden ging. Er sagte, es sei keine bewusste Entscheidung gewesen, sondern er habe sich getrieben gefühlt wie eine heimkehrende Taube. »Es geschah rein instinktiv, ohne jeden Hintergedanken. Tiere kehren ja instinktiv immer in heimatliche Gefilde zurück, und in meinem Fall lag meine Heimat eben in südlicher Richtung.«

Maine unterteilt sich in eine Reihe lang gezogener Nord-Süd-Täler, geologische Kratzspuren der Gletscher, die sich einst heranwälzten und wieder zurückwichen. Zwischen den Tälern erheben sich Bergketten, deren Gipfel heute deutlich niedriger sind als noch vor zwölf Millionen Jahren. Damals waren die Appalachen mächtiger als die Rocky Mountains. Es war Sommer, als Knight dort eintraf, und die Talböden waren eine einzige Suppe aus Seen, Weihern, Teichen und Sümpfen.

»Ich hielt mich weitgehend auf den Berghängen«, sagte er. »Manchmal musste ich ein Feuchtgebiet durchqueren, um zum nächsten Hang zu gelangen.« Er kämpfte sich über geröllübersäte Bergflanken und durch schlammige Tundrenlandschaften. »Bald verlor ich die Orientierung, wusste nicht mehr, wo ich war. Es war mir egal.« Praktisch jeder See und jeder Gipfel in Maine trägt einen Namen, aber Knight hielt diese Bezeichnungen für menschengemachten Unsinn und zog es vor, die Namen nicht zu kennen. Seinem Verschwinden sollte eine absolute Reinheit innewohnen. »Es gab keine Schilder, auf denen stand: ›Sie sind hier.‹ Der Boden war entweder trocken, oder er war feucht und weich. Ich wusste, wo ich war, und gleichzeitig wusste ich es nicht. Oh, jetzt werde ich aber metaphysisch, was?«

Er war frei von allen Zivilisationsregeln, war König seines eigenen Dschungels und verlor sich in den Wäldern – ein Traum, der schnell zum Albtraum werden kann. Knight gefiel es. Er campierte irgendwo ein paar Tage, dann packte er seine Habseligkeiten zusammen und zog weiter nach Süden. »Ich blieb in Bewegung«, sagte er. »Der Entschluss, den ich getroffen hatte, erfüllte mich mit Zufriedenheit.«

Doch ein Problem gab es aller Zufriedenheit zum Trotz: Nahrungsmittel. Er hatte Hunger und wusste nicht, wie er das Problem dauerhaft in den Griff bekommen sollte. Sein

Verschwinden war eine widersprüchliche Mixtur aus unglaublicher Hingabe und dem vollständigen Fehlen jedweder Vorausplanung – für einen Zwanzigjährigen allerdings gar nicht mal so unnormal. Es war, als hätte er über das Wochenende einen Campingausflug gemacht, von dem er ein Vierteljahrhundert später zurückkehrte. Er war ein fähiger Jäger und Angler, hatte aber weder ein Gewehr noch eine Angel dabei. Er wollte nicht sterben, zumindest damals hätte er etwas dagegen gehabt.

Er beschloss, sich Essen zu »organisieren«. Maines monumentale Panoramawildnis ist zauberhaft anzuschauen, spendabel aber ist sie nicht. Es gibt keine Obstbäume. Essbare Beeren haben manchmal nur ein einziges Wochenende Saison. Ohne zu jagen, zu fischen oder Fallen zu stellen, verhungert man. Während er sich nach Süden durchschlug, aß Knight extrem wenig, und schließlich erschienen die ersten asphaltierten Straßen. Er fand ein überfahrenes Rebhuhn, und in Ermangelung eines Ofens oder einer Möglichkeit, mühelos ein Feuer entzünden zu können, schlang er es roh hinunter. Köstlich ist was anderes, und krank wird man dadurch auch leicht.

Er kam an Häusern mit Gärten vorbei. Man hatte ihn dazu erzogen, Anstand und Stolz zu wahren, sich nichts schenken zu lassen, niemals staatliche Hilfe in Anspruch zu nehmen, aus eigener Kraft klarzukommen. Immer und ausnahmslos. Die Trennlinie zwischen Falsch und Richtig war ihm nur allzu bewusst, sie war ihm messerscharf ins Bewusstsein gemeißelt.

Aber wenn man seit zehn Tagen nichts Richtiges gegessen hat, dann bröckeln die besten Vorsätze. Hunger lässt sich nur schwer ignorieren. »Es hat eine Weile gedauert, bis ich meine Skrupel überwand«, sagte Knight. Aber als es schließlich so weit war, brach er sich ein paar Kornähren ab, grub eine Handvoll Kartoffeln aus und schlug sich den Bauch mit grünem Gemüse voll.

In den ersten Wochen seiner Wanderschaft übernachtete er einmal in einer leerstehenden Hütte. Es war ein fürchterliches Erlebnis. »Die Sorge, erwischt zu werden, raubte mir den Schlaf. Ich nahm mir vor, mir diesen Stress nie wieder anzutun.« Danach schlief er in keiner Hütte mehr, wie mies das Wetter auch sein mochte.

Er setzte seinen Marsch nach Süden fort und pflückte sich durch die Gärten entlang des Weges. Schließlich erreichte er ein Gebiet, dessen Vogelstimmen und Insekten ihm vertraut waren, und auch das Klima war um einiges milder als oben im deutlich kälteren Norden. Ihm war nicht ganz klar, wo genau er sich befand, aber er wusste, er war auf heimischem Terrain. Wie sich später herausstellte, war sein Elternhaus in der Luftlinie etwa fünfzig Kilometer entfernt.

Er erreichte zwei Seen, einen größeren und einen kleineren. Drumherum gab es viele Blockhütten und jede Menge kleine Gärten, in denen er sich mühelos mit diversen Snacks eindecken konnte. Knight plante, eine Weile dort zu bleiben, doch es schien keinen geeigneten Lagerplatz zu geben, der sowohl halbwegs gemütlich als auch abgeschieden war.

Als Knight seine Flucht begann, brachte er sich fast alles,

was er können musste, nach dem Versuch-und-Irrtum-Prinzip bei, immer in der bangen Hoffnung, dass ein Fehler nicht das Ende seines Unterfangens bedeuten würde. Er besaß ein ausgesprochenes Talent dafür, praktikable Lösungen für komplizierte Probleme zu finden. All seine Fertigkeiten – vom Verzurren der Planen, dem Filtern von Regenwasser bis hin zur spurenlosen Fortbewegung im Wald – durchliefen unzählige Testphasen, die er nie als vollkommen abgeschlossen erachtete. Mit seinen Ideen herumzuexperimentieren, war ein Hobby Knights.

Eine Zeitlang versuchte er, an einem Flussufer sesshaft zu werden. Es war hoch und steil, und das Wasserrauschen empfand er als angenehme Geräuschkulisse. Mit einer gestohlenen Schaufel grub Knight sich tief ins Steilufer hinein und verstärkte Wände und Decke mit Ästen, sodass der Unterschlupf einem alten Minenschacht ähnelte. Doch das Ganze war inakzeptabel. Im Grunde wohnte er in einem kalten, feuchten Loch, das kaum genug Platz bot, um sich aufzusetzen. Zwar war es gut getarnt, doch der Wald ringsum war leicht zugänglich. Und tatsächlich entdeckten Jäger die Stelle, lange nachdem Knight sie aufgegeben hatte. Die Höhle wurde zur Pilgerstätte für die Ortsansässigen, die Antworten auf die Eremitenlegende suchten, wenngleich sich niemand sicher war, ob der Unterschlupf wirklich von ihm erbaut worden war oder ob es diesen Eremiten überhaupt gab.

Über mehrere Monate hinweg probierte Knight mindestens sechs andere Stellen aus, doch nirgends war er richtig zufrieden. Schließlich stieß er auf einen extrem dichten unwirtlichen Wald voll klobiger Findlinge, durch den nicht einmal ein Wildpfad verlief, eine viel zu raue Gegend für Wanderer. Er hatte den Jarsey-Wald entdeckt, und er gefiel ihm auf Anhieb. Dann erblickte er die Elefantenfelsen mit dem verborgenen Durchgang. »Ich wusste sofort: Das ist es.«

Aber der Hunger nagte weiter an ihm. Er wollte mehr essen als nur Gemüse, und selbst wenn er sich an die Gärten hielt, war Maines Sommer ein seltener liebreizender Gast, der stets als Erster nach Hause zu gehen pflegt – das weiß hier jedes Kind. Sobald der Sommer vorüber war, würden die Gärten und Maisfelder für die nächsten acht Monate brachliegen, und es wäre vorbei mit den kleinen Snacks für zwischendurch, so viel war Knight klar.

Er begriff etwas, was so gut wie jeder andere historische Eremit früher oder später hatte erkennen müssen: Man kann nicht dauerhaft vollständig auf sich selbst gestellt existieren. Denn Eremiten hatte es oft in Wüsten, Bergregionen oder unwirtliche Wälder gezogen, Orte also, wo man unmöglich die zum Überleben nötigen Nahrungsmittel finden oder selbst erzeugen kann. Ein Eremit brauchte Unterstützung.

Die Wüstenväter zum Beispiel stellten Körbe aus Schilfrohr her, die ihre Helfer in der Stadt verkauften, um vom Erlös Lebensmittel zu erwerben. Im alten China betätigten sich Eremiten zum Broterwerb als Schamanen, Kräuterärzte und Wahrsager, englische Eremiten als Bienenzüchter, Holzfäller und Buchbinder, oder sie kassierten im Auftrag der Obrigkeit Wegzoll von Reisenden ein. Viele waren Bettler.

Im England des 18. Jahrhunderts grassierte eine seltsame Modewelle in der Oberschicht: Begüterte Familien beschlossen, dass ihr Anwesen einen Eremiten benötigte. In Zeitungen erschienen Anzeigen, in denen man nach einem solchen Schmuckeremiten suchte, der sich mit Tierpflege auskannte und willens war, in einer Höhle zu schlafen. Die Anstellung war gut dotiert, und Hunderte von Eremiten wurden angeheuert, meist ausgestattet mit Siebenjahresverträgen, inklusive einer Mahlzeit am Tag. Einige zeigten sich bei den abendlichen Dinnerpartys und begrüßten die Gäste. Der englische Adel jener Zeit glaubte, Eremiten würden Güte und Gedankentiefe ausstrahlen, und einige Jahrzehnte lang galt es als schick, sich einen eigenen Einsiedler zu halten.

Knight dagegen war der Meinung, die willfährige Hilfe eines anderen würde das ganze Unterfangen beflecken. Entweder man versteckte sich, oder man versteckte sich nicht. Für ihn gab es nichts dazwischen. Er wollte ohne Wenn und Aber allein sein, im Exil auf einer von ihm selbst erschaffenen Insel, Mitglied eines unentdeckten Stammes, der nur aus ihm selbst bestand. Ein einziger Telefonanruf, um seine Eltern wissen zu lassen, dass er wohlauf war, und schon wäre eine Verbindung da.

In den Hütten rings um die Seen gab es, wie Knight schnell herausfand, nur minimale Sicherheitsvorkehrungen. Die Fenster waren oft unverschlossen, selbst wenn die Eigentümer nicht zu Hause waren. Der Wald bot ihm ausgezeichnete Deckung, und abgesehen von den wenigen Dauerbewohnern würde die Gegend nach Saisonende wie ausgestorben sein. Ganz in der Nähe gab es ein Ferienlager mit einer großen Vorratskammer. Die einfachste Möglichkeit, ein Jäger und Sammler zu werden, war offenkundig.

Und so traf Knight eine Entscheidung: Er beschloss, zu stehlen.

15

Es erfordert Präzision, Geduld, Mut und jede Menge Glück, um tausend Einbrüche über die Bühne zu bringen, bevor man erwischt wird (was für eine Erfolgsserie!). Ebenso erfordert es eine spezielle Menschenkenntnis. »Ich habe nach Mustern Ausschau gehalten, nach Gewohnheiten«, erklärte Knight. »Der Mensch ist ein Gewohnheitstier.« Vom Waldrand aus spähte er die Familien rund um den North Pond aus, ihre stillen Frühstücke, ihre Dinnerpartys, das Kommen und Gehen von Besuchern, die Abreisen der Saisonbewohner, das Hin und Her der Autos auf der Landstraße – Knight war eine Art Jane Goodall des Menschengeschlechts. Keine seiner Beobachtungen führte ihn in Versuchung, zu den Menschen zurückzukehren.

Er sei kein Voyeur gewesen, beharrte er. Seine Observationen seien emotionslos erfolgt und rein informationell gewesen. Die Namen der einzelnen Leute brauchte er nicht zu wissen. Ihm ging es nur darum, ihre Bewegungsmuster zu verstehen – wann sie einkaufen fuhren, wann eine Hütte leer stand. So wusste er immer, wann genau er zuschlagen konnte.

Danach, so sagte er, sei alles eine Frage des Timings gewesen. Der ideale Zeitpunkt für einen Einbruch war unter der Woche, spätnachts, gern bei bewölktem Himmel, am besten bei Regen. Ein Wolkenbruch war der Idealfall. Bei schlechtem Wetter blieben die Leute dem Wald fern, und Knight wollte jedwede Begegnung vermeiden. Straßen und Pfade nutzte er überhaupt nicht, und er beging einen Einbruch nie an einem Freitag oder Samstag, Tage, die er am gestiegenen Lärmpegel rund um die Seen erkannte.

Ein fortwährendes Dilemma war die »Mondfrage«. Eine Zeitlang bevorzugte er es, bei gut sichtbarem Mond loszuziehen, um dessen Licht nutzen zu können, statt eine Taschenlampe gebrauchen zu müssen. In späteren Jahren, als er vermutete, dass die Polizei die Suche nach ihm intensiviert hatte, und er selbst den Wald längst in- und auswendig kannte, verlegte er sich auf die mondlosen Nächte und den Schutz der völligen Dunkelheit. Er variierte seine Methoden gern und variierte sogar darin, wie oft er sie variierte. Er selbst wollte keine Muster entwickeln, wenngleich er sich angewöhnte, nur frisch rasiert oder mit ordentlich gekämmtem Bart auf Diebestour zu gehen und immer in sauberer Kleidung – um weniger verdächtig zu wirken, falls ihn doch mal jemand sehen sollte.

Neben der gebeutelten Pine-Tree-Küche enthielt Knights Repertoire mindestens hundert Blockhütten – »Das ist jetzt zurückhaltend geschätzt« –, zwischen denen er ständig hin und her wechselte. Der Idealfall war eine voll mit Lebensmitteln bestückte Hütte, in welche die Familie erst am Wochenende zurückkehren würde. In vielen Fällen kannte er die genaue Schrittzahl zu einem bestimmten Ziel, und sobald er sich für eins entschieden hatte, sprang und schlängelte er sich ein bisschen à la Tarzan durch den Wald. »Ich war ein ziemlich geschmeidiger Waldgeist«, bekundete Knight nicht ohne Stolz.

Manches Mal musste er eine weitere Strecke bewältigen, einen Propangastank oder eine neue Matratze besorgen, und dann war es leichter, sich mit einem Kanu fortzubewegen. Gestohlen hat er keins. Kanus lassen sich schwer verstecken, und wenn man eins stiehlt, erstattet der Besitzer Anzeige. Es war klüger, es auszuborgen. Die Auswahl am See war groß, und einige lagen an Land auf einem Arbeitsbock und wurden selten benutzt. So gut wie niemand ruft die Polizei, wenn er vermutet, sein Kanu wurde ausgeliehen. Hauptsache, es ist wieder da.

Knight konnte so gut wie jede Blockhütte erreichen, die an einem der beiden Seen lag. »Es hat mir nichts ausgemacht, stundenlang zu paddeln. Es musste halt erledigt werden.« Bei aufgewühltem Wasser legte er Steine in den Bug, um das Gefährt stabil zu halten. Meistens hielt er sich dicht am Ufer und war vor dem Hintergrund der Bäume kaum zu erkennen. Ab und an aber war es vonnöten, in einer stürmischen Nacht quer über den See zu paddeln, eine einsame, regengepeitschte Gestalt in der Finsternis.

Sobald er die auserkorene Hütte erreichte, vergewisserte er sich, dass kein Fahrzeug in der Zufahrt stand und in der Hütte kein Licht brannte – die offenkundigen Details eben. Doch das genügte nicht. Ein nächtlicher Einbruch ist eine heikle Angelegenheit, ein krimineller Akt, bei dem man keinen Fehler begehen darf. Ein kleiner Lapsus nur, und die

Außenwelt hätte Knight wieder an sich gerissen. Deshalb kauerte er in der Dunkelheit und wartete.

Zwei Stunden, drei Stunden, vier Stunden, manchmal noch länger. Er musste sich absolut sicher sein, dass niemand in der Nähe war, dass ihn niemand beobachtete, dass niemand die Polizei geholt hatte. Das Warten fiel ihm nicht schwer. Geduld war seine große Stärke. »Ich bin gern in der Dunkelheit. Mich zu tarnen liegt mir im Blut. Meine Lieblingsfarben sind diejenigen, die mich mit meiner Umgebung verschmelzen lassen. Am besten finde ich das Dunkelgrün, das noch eine Spur dunkler ist als das John-Deere-Grün.« In eine rund ums Jahr bewohnte Hütte brach er nie ein – zu viele Unwägbarkeiten –, und er trug stets eine Armbanduhr, um die Zeit im Blick zu haben. Nach Sonnenaufgang wollte Knight nicht mehr unterwegs sein, wie ein Vampir.

Gerade in den Anfangsjahren waren einige der Blockhütten nicht einmal abgeschlossen. In die gelangte er selbstredend am leichtesten, doch bald wurde es auch an anderen Zielen und später auch beim Kühlraum des Pine Tree Camps kinderleicht – Knight besaß entsprechende Türschlüssel, die er bei vorherigen Einbrüchen an sich gebracht hatte. Doch statt immer mit einem klappernden Schlüsselbund herumzurennen, ließ er jeden Schlüssel auf dem dazugehörigen Grundstück zurück, meistens unter einem unauffälligen Felsbrocken. Es gab mehrere Dutzend dieser Verstecke, und er vergaß nie, wo der jeweilige Schlüssel lag.

Natürlich bemerkte er es, als an einigen Türen Papier und Kugelschreiber hingen und man ihn um eine »Wunschliste« bat. An anderen Türen hingen Tüten mit Büchern. Doch er befürchtete eine Falle oder einen Trick und wollte keine Korrespondenz beginnen, selbst nicht in Gestalt einer Wunschliste. Er ignorierte die Angebote, und dieser »Trend« kam bald wieder zum Erliegen.

Bei der Mehrzahl seiner Einbrüche machte er sich an den Fenster- und Türschlössern zu schaffen. In seiner Sporttasche trug er immer das entsprechende Werkzeug mit sich, eine Sammlung von Schraubenziehern, Flacheisen und Feilen, und mit dem richtigen Dreh des passenden Utensils stellte auch der kniffligste Türriegel kein Hindernis für ihn dar, wobei er weniger mit Muskelkraft vorging als in Manier eines Houdini.

Wenn man ein ausgeklügeltes Türschloss besaß, stieg er durch das Fenster ein. Der Gedanke, die Scheibe einzuschlagen oder die Tür einzutreten, war ihm zuwider, eine Vorstufe zur Barbarei. Nach dem Einbruch pflegte er das Fenster von außen wieder zu verschließen, sodass es aussah, als wäre nichts geschehen – es war unnötig, andere Einbrecher einzuladen.

Als die Anwohner ihre Sicherheitsvorkehrungen modernisierten, passte Knight sich an. Von seinem einzigen Job her kannte er sich mit Alarmanlagen aus und war imstande, sie abzustellen oder den Kameras die Speicherkarten zu entnehmen, bis die Apparate kleiner wurden und sich besser verstecken ließen.

Etwa ein Dutzend Mal entging er nur knapp seiner Entdeckung. Einmal chauffierte Sergeant Hughes eine Suchmannschaft mit Beamten der Bundespolizei. Zusammengedrängt auf der Ladefläche seines Allradantrieb-Trucks, preschten sie über die schlammigen Waldwege und hielten immer wieder an, um sich zu Fuß auf die Suche zu machen. »Wir haben nichts gefunden, keine Spur, nichts, was auf den Eremiten hingedeutet hätte«, sagte Hughes. Entweder schien Knight die Anwesenheit seiner Häscher – darunter auch der Mann, der sich zwei Wochen lang jede Nacht mit dem Gewehr auf die Lauer gelegt hatte – gespürt zu haben, oder er hatte einfach Glück.

Die Tatorte waren stets in einem so untadeligen Zustand, dass die Behörden ihm widerwillig Respekt zollten. »Das Maß an Disziplin, das er bei den Einbrüchen zeigte, liegt außerhalb des normal Vorstellbaren«, so Hughes. »Die ganze Kleinarbeit, das Auskundschaften, das Fingerspitzengefühl mit den Schlössern, die Fähigkeit, unbemerkt herein- und herauszugelangen.« In einem der Polizeiberichte wurde ausdrücklich vermerkt, wie »ungewöhnlich ordentlich« der entsprechende Einbruch vonstattengegangen sei. In den Augen vieler Beamter war der Eremit ein Meisterdieb. Er knackte all diese Schlösser, stahl aber nur verhältnismäßig wenig. Es war, als würde er ihnen eine lange Nase zeigen, ein merkwürdiges Spiel mit ihnen treiben.

In dem Augenblick, wenn er eine Hütte betrat, habe er eine Welle tiefer Scham empfunden, sagte Knight. »Es war mir jedes Mal bewusst, dass ich etwas Falsches tat. Es hat mir keinen Spaß gemacht, keinen Kick versetzt.«

Einmal drinnen, ging er zielgerichtet als Erstes in die

Küche, bevor er die gesamte Hütte nach nützlichen Sachen und den stets benötigten Batterien durchsuchte. Er schaltete nie das Licht ein. Er benutzte nur die kleine Stiftleuchte an seiner Halskette – im Wald konnte er den Lichtstrahl, wenn nötig, nach unten hängen lassen, sodass er nur auf den Boden schien und sein Gesicht im Schatten blieb. Knight verabscheute Stirnlampen. Ihr Licht strahlte in alle Richtungen, hell wie ein Neonschild.

Während eines Einbruchs gab es keinen einzigen entspannten Moment. »Ich stand voll unter Strom, mir raste das Herz. Mein Blutdruck war hoch. Ich hatte immer eine Heidenangst bei diesen Geschichten. Ich wollte sie so schnell wie möglich hinter mich bringen.« Er nahm sich nur dann etwas Zeit, falls es draußen eiskalt war und es Fleisch gab, das er auftauen musste. Das legte er dann für einige Minuten in die Mikrowelle.

Als Letztes prüfte er immer, ob der Propangasbehälter am Grill voll war. Falls ja und falls irgendwo eine leere Kartusche herumlag, tauschte er die volle mit der leeren aus, sodass der Grill unberührt aussah. Knight hielt es immer für das Beste, wenn der Besitzer keinen richtigen Beweis für einen Einbruch hatte. Dann lud er alles ins Kanu, falls es ein Kanutrip war, paddelte zu dem Ufer, hinter dem sein Lager lag, und entlud das Kanu. Danach brachte er es an seinen Ursprungsort zurück und verstreute ein paar Kiefernnadeln darüber, damit es unbenutzt aussah, anschließend schleppte er seine Beute Stück für Stück durch den Jarsey und zwischen den Elefantenfelsen hindurch ins Lager.

Zu dem Zeitpunkt graute meist schon der Morgen. Nachdem auch das letzte Beutestück ins Lager getragen war, konnte er endlich entspannen. »Vor mir lag eine lange Phase des Friedens. Nein, nicht des Friedens. Das Wort ist zu kitschig. Eine lange Phase der Ruhe.« Die Beute aus einem Einbruch brachte ihn etwa zwei Wochen über die Runden. Und während er sich von Neuem in seinem Waldwohnzimmer einrichtete – »Wieder in Sicherheit, erfolgreich gewesen« –, überkam ihn ein Gefühl der Freude, wie es intensiver kaum hätte sein können.

16

Knight lebte im Schmutz, aber er war sauberer als der Rest der Menschheit. Viel sauberer. Kiefernnadeln und Matsch beschmutzen einen nur oberflächlich. Der Schmutz, von dem hier die Rede ist, die unerfreulichen Bakterien und Viren, wird zumeist durch Niesen, Husten, Händeschütteln und Küsse übertragen. Für das tägliche Miteinander zahlen wir zuweilen mit unserer Gesundheit. Knight stellte sich gleichsam unter Quarantäne und entging so all den Ansteckungsgefahren, die an jeder Ecke der Zivilisation auf uns lauern. Er blieb kerngesund. Obwohl er manches Mal schwer gelitten habe, betonte er, sei er niemals ernsthaft erkrankt, nicht einmal eine schwere Erkältung habe er gehabt.

In den Sommern, gerade in den Anfangsjahren, war er stark, fit und agil. »Sie hätten mich mit Mitte zwanzig sehen sollen – ich war der Herrscher des Landes, auf dem ich wandelte, es gehörte mir«, erklärte Knight, und unter der Oberfläche seiner Zerknirschung kam sein Stolz zum Vorschein. »Warum sollte ich nicht behaupten können, dass es mir gehört hat? Außer mir war niemand dort. Ich hatte das Sagen, konnte tun, was mir beliebte. Ich war der Herr der Wälder.«

Der Giftsumach, der überall in der Gegend wächst, hielt so manchen davon ab, nach dem Lager des Eremiten zu suchen. Knight hatte sich einen kleinen Reim zurechtgelegt – »Diese Blätter musst du meiden, denn sonst wirst du furchtbar leiden« – und sich genau eingeprägt, an welchen Stellen die Pflanze wuchs; nicht mal nachts kam er mit ihr in Berührung. Er sagte, es hätte damit nie ein Problem gegeben.

Die Borreliose ist eine bakterielle, im zentralen Maine weit verbreitete Erkrankung, die durch Zeckenstiche übertragen wird und zur teilweisen Lähmung führen kann. Auch davon blieb Knight verschont. Nachdem er eine Weile über die Gefahrenlage gegrübelt hatte, gelangte er zu einer Erkenntnis: »Ich konnte ohnehin nichts dagegen tun, also habe ich aufgehört, darüber nachzudenken.«

Wenn man im Wald lebt und den Launen der Natur ausgesetzt ist, genießt man zwar ein Höchstmaß an Autonomie, hat aber nur wenig Einfluss auf den Lauf der Dinge. Anfangs machte Knight sich über alles Mögliche Sorgen: Schneestürme könnten ihn lebendig begraben; Wanderer könnten ihn entdecken, die Polizei könnte ihn schnappen. Nach und nach baute er seine Ängste methodisch ab.

Aber nicht vollständig. Eine zu unbekümmerte Entspanntheit hielt Knight ebenfalls für gefährlich. In angemessener Dosierung war es durchaus nützlich, sich Sorgen zu machen. Es könnte ihm das Leben retten. »Ich habe meine Ängste benutzt, um meinen Denkapparat am Laufen zu halten«, sagte er. »Man überlebt nur mit scharfem Verstand. Sonst bringt man keine vernünftigen Pläne zustande, und ich musste ständig irgendetwas planen.«

Nach Abschluss einer Einbruchsmission war er für eine

Weile aller Sorgen entledigt. Die Reihenfolge, in der er die erbeuteten Lebensmittel verzehrte, bestimmte das Haltbarkeitsdatum. Als Erstes aß er das frische Fleisch, als Letztes die Twinkies. Wenn nur noch Mehl und Backfett übrig waren, mischte er beides mit Wasser und machte sich Kekse. Aus Furcht, jemand könnte ihn vergiften wollen, stahl er bei seinen Einbrüchen kein selbstgekochtes Essen der Bewohner und keine angebrochenen Lebensmittel, nur versiegelte Verpackungen und Dosen. Er aß alles bis zum letzten Krümel auf, kratzte die Behälter leer. Die Verpackungen und Kartons entsorgte er auf der Müllhalde zwischen den Felsen am Rand seines Lagers.

Die Halde verteilte sich über einen Bereich von etwa zehn Quadratmetern. Ein Teil war Gegenständen wie Gasbehältern, alten Matratzen, Schlafsäcken und Büchern vorbehalten. Selbst der Bereich mit den Essensabfällen verströmte keinerlei Gestank. Knight bedeckte alles mit Schichten von Laub und Erde, um die Kompostierung zu fördern, wodurch jedwede Gerüche eliminiert wurden. Die meisten Verpackungen hingegen bestanden aus gewachster Pappe oder aus Plastik und lösten sich – wenn überhaupt – nur äußerst langsam auf. Bei den späteren Ausgrabungsarbeiten kamen, während in den Bäumen die Rotkehlchen sangen, im Erdboden zig grellbunte Verpackungen zum Vorschein, auf denen noch die Typografie mit den Superlativen und Ausrufezeichen zu erkennen war.

Die Funde in dieser Müllhalde offenbarten, warum Knights Zähne sein einziges markantes Gesundheitsproblem darstellten. Er hatte sie zwar regelmäßig mit gestohlener Zahnpasta geputzt, war aber nie zum Zahnarzt gegangen. So hatte sich sein Gebiss nach und nach in eine Ruine verwandelt. Dabei half es nicht, dass seine kulinarischen Vorlieben auf dem Stand eines Jugendlichen stehengeblieben waren und vor allem aus gezuckerten und industriell verarbeiteten Lebensmitteln bestanden. »›Kochen‹ ist eigentlich ein zu freundlicher Begriff für das, was ich getan habe«, sagte er.

Eine seiner Standardmahlzeiten waren Käse-Makkaroni gewesen. Aberdutzende der Packungen waren zwischen den Felsen vergraben, dazu unzählige leere Gewürzbehälter – schwarzer Pfeffer, Knoblauch- und Chilipulver sowie andere Speisewürze. Wenn Knight in einer Blockhütte ein gut bestücktes Gewürzregal entdeckte, nahm er oft etwas Neues mit und probierte es auf seinen Käse-Makkaroni aus.

In seinem Müll fand man unter anderem einen plattgedrückten Riesenkarton, der einst »Goldfisch«-Cracker mit Cheddarkäsegeschmack enthalten hatte, des Weiteren leere Marshmallows-Großpackungen, Milchschnitte-Kartons von Drake's Devil Dogs, Verpackungen von Butterkeksen, Rösti, gebackenen Bohnen, geriebenem Käse, Hotdogs, Ahornsirup, Schokoriegeln, überbackenen Kartoffeln, Tyson-Chicken-Nuggets, Country-Time-Limonade und Mountain-Dew-Brause, feurigen El-Monterey-Jalapeños und Käse-Chimichangas (frittierten Burritos).

All das kam in einer einzigen, mit der Hand ausgehobenen Grube von der Größe eines Küchenspülbeckens zum Vorschein. Knight war vor der Zivilisation geflohen, hatte aber von ihrem Speck gelebt. Er wies darauf hin, sich das Essen nicht selbst ausgesucht zu haben. Das hatten die Besitzer der Blockhütten getan, er habe es lediglich entwendet. Ab und an ließ er auch bisschen Geld mitgehen, im Schnitt fünfzehn Dollar pro Jahr. »Für den Notfall«, erklärte er. Der Sweet-Dreams-Einkaufsladen lag nur einen einstündigen Fußmarsch entfernt, aber er ging nie dorthin. Das letzte Mal in einem Restaurant oder auch nur an einem Tisch gesessen hatte er in einem Fastfood-Restaurant während seiner einzigen Autoreise.

Er stahl tiefgefrorene Lasagne, Dosenravioli und Thousand-Island-Dressings. Man kann sich neben die Grube legen und mit beiden Armen in der Erde wühlen, und immer kommt noch etwas Neues zum Vorschein. Chipstüten und Bratwurstpackungen, Pudding und eingelegte Gurken, Cola, Crystal Light Beer, Margarine, Erdnüsse – so tief man an der Stelle auch wühlen mochte, man wäre nicht an den Boden der Müllgrube gelangt.

Ein Feinschmecker war er also nicht. Ihm war egal, was er aß. »Die strenge Disziplin, die nötig war, um zu überleben, hat mir die Gelüste auf kulinarische Spezialitäten ausgetrieben. Solange etwas essbar war, hat es mir genügt.« Er brauchte nur ein paar Minuten, um sich eine Mahlzeit zuzubereiten, und doch verließ er in den Wochen zwischen den Einbrüchen nur selten das Lager. Einen Großteil der Zeit verbrachte er mit den ständig anfallenden Instandhaltungsarbeiten, dazu kamen Körperhygiene und Unterhaltung.

Seine bevorzugte Form der Unterhaltung war das Lesen. Am Ende eines Einbruchs nahm er sich immer noch einige Augenblicke Zeit, um in den Bücherregalen und auf Nachttischen nach Lektüre zu stöbern. Das Leben zwischen den Buchdeckeln erschien ihm einladender als das wahre Leben. Ersteres stellte keine Anforderungen an ihn, während die Welt, in der es Interaktionen zwischen wirklichen Menschen gibt, hochgradig komplex ist. Wenn sich Leute unterhalten, geht es hin und her wie bei einem Tennismatch, rasant und unvorhersehbar. Fortwährend gibt es subtile visuelle und verbale Hinweise, Andeutungen, Sarkasmus, Körpersprache, Tonfall. Jedem passiert es zuweilen, dass er sich bei einer Begegnung ungeschickt anstellt und Opfer sozialer Unbeholfenheit wird. Es ist Teil des Menschseins.

Knight war das alles zu viel. Seine Lesewut mag für ihn eine Art Ersatzhandlung für die fehlenden Begegnungen mit echten Menschen gewesen sein. In den langen Tagen zwischen den Einbrüchen konnte er nach Herzenslust in seinen Bücherwelten schwelgen, sich ungestört fallen lassen.

Oft waren die Bücher, die er in den Hütten vorfand, nicht allzu inspirierend; die Auswahl ließ zuweilen arg zu wünschen übrig. Knight hatte bestimmte Vorlieben und Neigungen – in mancher Hinsicht waren Bücher wichtiger für ihn als Nahrung –, doch wenn er sich nach dem geschriebenen Wort verzehrte, nahm er alles mit, was die jeweilige Hütte an Lesestoff hergab.

Er mochte Shakespeare, vor allem *Julius Caesar*, die Litanei über Verrat und Gewalt. Er bewunderte Emily Dickinsons Dichtkunst, empfand sie als Seelenverwandte. In den letzten siebzehn Jahren ihres Lebens hatte Dickinson kaum ihr Haus in Massachusetts verlassen und mit Besuchern nur durch die angelehnte Tür gesprochen. Nichts zu sagen, schrieb sie, sage manchmal mehr als tausend Worte.

Gern hätte Knight sich mehr Werke von Edna St. Vincent Millay besorgt, der 1892 in Rockland, Maine, geborenen Lyrikerin. Er zitierte ihre bekanntesten Zeilen – »Meine Kerze brennt an beiden Enden. Sie wird die Nacht nicht überdauern« – und fügte dem zwei eigene Sätze hinzu: »In meinem Lager versuchte ich es einige Jahre lang mit Kerzen. Es lohnt sich nicht, sie zu stehlen.«

Wenn er sein Lieblingsbuch benennen müsste, fiele die Wahl vermutlich auf William Shirers *Aufstieg und Fall des Dritten Reiches.* »Der Stil ist kurz und prägnant«, sagte er über den Zwölfhundert-Seiten-Wälzer, »und beeindruckt mich mehr als die meisten Romane.« Er entwendete jedes Buch über Militärgeschichte, das ihm in die Finger kam.

Er besaß eine Ausgabe des *Ulysses*, das vermutlich einzige Buch, das er nicht zu Ende gelesen hatte. »Was soll das Ganze? Ich nehme an, es war eine Art Witz von Joyce. Er hat einfach die Klappe gehalten, als die Leute anfingen, da alles Mögliche hineinzuinterpretieren. Pseudointellektuelle bezeichnen den *Ulysses* ja gern als ihr Lieblingsbuch. Ich habe mich aber dem intellektuellen Zwang verweigert, es auslesen zu müssen.«

Knights Geringschätzung für Thoreau war bodenlos: »Der Kerl hatte keine tiefen Einsichten zur Natur.« Ralph Waldo Emerson war hingegen akzeptabel. »Die Menschen soll man nur in sehr geringen Dosen nehmen«, notierte Emerson. »Nichts kann dir Frieden bringen außer du selbst.« Knight las das *Tao Te King* und fühlte sich tief bewegt von den Versen. Einer lautet: »Gut geht, wer ohne Spuren geht.«

Für Robert Frost hatte er so rein gar nichts übrig – »Ich freue mich, dass sein Ruf allmählich verblasst« –, und wenn Knight das Toilettenpapier ausging, riss er kurzerhand ein paar Seiten aus den Grisham-Romanen aus. Einmal erwähnte er, auch nicht auf Jack Kerouac zu stehen, doch das stimmt nicht so ganz. »Ich mag keine Leute, die auf Kerouac stehen«, stellte er später klar.

Knight stahl gern tragbare Radios samt Minikopfhörern und hörte sich täglich die verschiedensten Sendungen an. Durch den Äther gelangten Stimmen zu ihm, eine andere Art menschlicher Gegenwart. Eine Zeitlang faszinierte ihn vor allem das Talkradio, besonders die Sendung von Rush Limbaugh. »Ich sage nicht, dass ich ihn mochte, sondern dass ich ihn oft hörte.« Knights politische Haltung war »konservativ, aber nicht republikanisch«. Unnötigerweise fügte er an: »Ich bin eine Art Isolationist.«

Später entdeckte er die Klassik für sich – Brahms und Tschaikowski, ja; Bach, nein. »Bei Bach fehlen mir die Ecken und Kanten«, sagte er. Himmlisch fand er Tschaikowskis »Pique Dame«. Aber seine wahre Leidenschaft war der gute alte Hardrock: The Who, AC/DC, Judas Priest, Led Zeppelin, Deep Purple und, über allem, Lynyrd Skynyrd, seine absolute Lieblingsband. »Deren Songs wird man noch in tausend Jahren spielen«, erklärte er mit seligem Blick.

Bei einem seiner Einbrüche nahm er einen kleinen Schwarzweißfernseher von Panasonic mit. Es war der Grund, warum er so viele Auto- und Bootbatterien benötigte – für die Stromversorgung des TV-Geräts. Er wusste, wie man die Batterien parallel und in Reihe schaltet, um den Fernseher zum Laufen zu bringen. Auch »organisierte« er eine Antenne, die er versteckt oben in seinen Bäumen anbrachte.

Er sagte, das gesamte PBS-Programm, das der nichtkommerziellen Senderkette in den USA, habe sich ausschließlich »an die Zielgruppe der liberalen Babyboomer mit Uniabschluss gerichtet«, dennoch sei das Beste, was er sich im Wald angeschaut hatte, eine PBS-Sendung gewesen, Ken Burns' Dokumentarfilm »The Civil War« über den amerikanischen Bürgerkrieg. Er konnte ganze Passagen des Films Wort für Wort nachsprechen. »Ich erinnere mich noch an Sullivan Ballous Brief an seine Frau Sarah«, sagte Knight. »Mir standen Tränen in den Augen.« Ballou, ein Major der Nordstaatenarmee, schrieb den Brief am 14. Juli 1861 und wurde kurz darauf bei der ersten Schlacht von Bull Run getötet, noch ehe der Brief die Adressatin erreichte. Ballou schrieb von seiner »grenzenlosen Liebe« für seine Kinder und bekundete, sein Herz sei an das seiner Sarah gekettet, und »höchstens die Allmacht Gottes« vermöge diese Ketten zu sprengen – es war dieser Ausdruck menschlicher Nähe, der Knight zu Tränen rührte, wenngleich er selbst keinerlei Veranlassung verspürte, seinerseits die Nähe eines anderen Menschen zu suchen.

Knight war über das Weltgeschehen immer informiert, doch die Nachrichten berührten ihn nur selten. Alles schien in weiter Ferne zu geschehen. Im Anschluss an die Ereignisse des 11. September verschliss er all seine vorrätigen Batterien und sah danach nie wieder Fernsehen. »Autobatterien sind ziemlich schwer und umständlich zu stehlen«, sagte er. Fortan verwendete er die leeren Batterien als Beschwerung für die Spannleinen, und als er ein Radio stahl, das den Ton von Fernsehsendungen empfing, verlegte er sich darauf, sich TV-Programme im Radio anzuhören; »Kopfkino« nannte er es. Seine Lieblings-»Radiofernsehsendungen« waren »Seinfeld« und »Alle lieben Raymond«.

»Ich habe durchaus Sinn für Humor«, meinte Knight. »Ich mag bloß keine Witze. Freud sagte, ein Witz könne sich ›in den Dienst entblößender oder feindseliger Tendenzen‹ begeben.« Knights Lieblingskomiker waren die Marx Brothers, die Three Stooges und George Carlin. Das letzte Mal ins Kino gegangen war er 1984, um sich »Ghostbusters« anzuschauen.

Sportübertragungen hörte er sich nie an. Sie langweilten ihn, ganz gleich, um welche Sportart es ging. Auf WTOS, dem Radiosender in Augusta, der auch als »The Mountain of Pure Rock« bekannt ist, lauschte er den fünfminütigen Nachrichtensendungen zur vollen Stunde. Manchmal hörte er sich auch die französischsprachigen Nachrichtensender aus Quebec an. Er sprach zwar kein Französisch, verstand aber das Meiste.

Er mochte kleine tragbare Videospielgeräte. Allerdings stahl er nur solche, die ihm bereits etwas altmodisch erschienen. Er wollte einem Kind nicht das brandneue Gerät wegnehmen. Er würde es ohnehin in einigen Jahren an sich bringen. Er mochte Pokémon, Tetris und Dig Dug. »Mir gefallen Spiele, bei denen man überlegen und strategisch vorgehen muss. Keine Ballerspiele, keine monotonen Wiederholungen.« Elektronisches Sudoku fand er großartig, ebenso Kreuzworträtsel. Sie stellten für ihn willkommene Herausforderungen dar. Spielkarten hingegen waren nicht sein Ding, er legte sich nie eine Patience, und auch Schach war nichts für ihn. »Ist mir zu zweidimensional, ein zu einengendes Spiel.«

Kunst in jedweder Form erschuf er keine – »So etwas liegt mir nicht« –, und er verließ auch nie sein Lager, um mal woanders eine Nacht zu verbringen. »Ich verspüre nicht den Wunsch zu reisen. Ich lese. Das ist meine Art zu reisen.« Maines vielgerühmte Atlantikküste kannte er nur vom Hörensagen. Er erklärte, niemals Selbstgespräche geführt zu haben, kein einziges Mal. »Oh, Sie meinen wie ein zotteliger Waldschrat, hä? Vergessen Sie's.«

Es kam ihm nie in den Sinn, ein Tagebuch zu führen. Er würde es niemals zulassen, dass jemand anders seine persönlichen Gedanken liest. Deshalb habe er es gar nicht erst riskiert, sie niederzuschreiben. »Lieber nehme ich sie eines

Tages ins Grab mit«, sagte er. Und überhaupt, seit wann steht in Tagebüchern die Wahrheit? »Entweder, es enthält viele Wahrheiten, die eine einzige Lüge verschleiern sollen«, sagte er, »oder es enthält viele Lügen, die eine einzige Wahrheit verschleiern sollen.«

Knight hat ein Elefantengedächtnis. Er ist unglaublich nachtragend, vergisst nie. Obwohl unzählige Ausgaben des *National Geographic* unter seinem Zelt vergraben waren, verachtete er die Zeitschrift. »Ich habe sie äußerst ungern gestohlen«, sagte er. »Ich habe sie mir nur angesehen, wenn es absolut nichts anderes gab. Das Magazin eignet sich bestens, um es in der Erde zu verbuddeln. Dieses Hochglanzpapier hält ewig.«

Knights Aversion gegen den *National Geographic* reicht bis in seine Jugend zurück. Als er zu Highschool-Zeiten mal in einer Ausgabe blätterte, stieß er auf ein Foto eines jungen peruanischen Schäfers, der tränenüberströmt am Straßenrand stand. Neben dem Jungen lagen mehrere tote Schafe, die ein Auto überfahren hatte. Später erschien das Foto in einem *National-Geographic*-Buch mit den besten Porträtaufnahmen aller Zeiten.

Es machte Knight wütend. »Sie haben ein Foto veröffentlicht, das die Demütigung des Jungen zeigt. Er hatte seine Familie enttäuscht, die ihm die Herde anvertraut hatte. Es ist widerwärtig, dass alle Welt das Versagen eines kleinen Jungen mit ansah.« Dreißig Jahre später regte Knight sich immer noch darüber auf, sich nur allzu bewusst, welche seelischen Verheerungen Schamgefühle anrichten können.

Hatte er, bevor er seinerzeit in den Wald geflohen war, auch etwas getan, was ihn mit Scham erfüllte? Knight verneinte.

Er hegte eine Abneigung gegen Großstädte; sie waren voller hilfloser Intellektueller, Leute, die zwar mehrere Universitätsabschlüsse hatten, aber keinen Ölwechsel vornehmen konnten. Doch Obacht, fügte er an, auf dem Land sei auch nicht alles wie in Walhall. »Man darf es nicht glorifizieren«, sagte er und zitierte dann aus dem ersten Kapitel des *Kommunistischen Manifests* zum Thema, dem »Idiotismus des Landlebens« zu entfliehen.

Er gab unumwunden zu, dass einige der Blockhütten einen besonderen Reiz ausgeübt hätten, weil es dort den *Playboy* im Abo gab. Er war neugierig. Als er mit zwanzig in den Wald verschwand, war er noch nie mit einem Mädchen ausgegangen. Er stellte sich vor, Liebe zu finden sei so ähnlich wie Angeln. »Im Wald hatte ich ja keinen Kontakt mit anderen Menschen, von daher gab es keinen Köder, in den ich hätte beißen können. Ich bin ein großer Fisch, der nie erwischt wurde.«

Ein Buch, das Knight nicht im Müll vergrub oder in einen Plastikbeutel steckte – er hatte es bei sich im Zelt –, war *Very Special People*, eine Sammlung von Kurzbiografien über menschliche Kuriositäten: der Elefantenmensch, General Tom Thumb, der Junge mit dem Hundegesicht, die siamesischen Zwillinge Chang und Eng und Hunderte weitere Nebendarsteller. Knight kam sich selbst zuweilen wohl auch wie ein Freak vor, zumindest beschäftigte ihn der Gedanke.

»Wenn man als menschliches Kuriosum auf die Welt kommt«, heißt es in der Einleitung von *Very Special People*, »wird man ab dem Moment seiner Geburt ständig daran erinnert, dass man anders ist als die anderen.« Werde man älter, heißt es weiter, würden die Dinge aller Wahrscheinlichkeit nach immer nur schlimmer werden. »Es ist angeraten, sich vor der Welt zu verbergen«, rät das Buch, »um der Strafe zu entgehen, die sie denen auferlegt, deren Körper oder Geist andersartig ist.«

Über allen anderen stand für Knight ein bestimmter Roman, der bei ihm das seltene beunruhigende Gefühl weckte, der Dichter würde über die Jahrhunderte hinweg direkt zu ihm sprechen: Dostojewskis *Aufzeichnungen aus dem Kellerloch*. »Ich erkenne mich in der Hauptfigur wieder«, sagte er und meinte dabei den wütenden misanthropischen Ich-Erzähler, der sich etwa zwanzig Jahre lang von der Welt abgeschottet hat. Die Anfangszeilen lauten: »Ich bin ein kranker Mensch … Ich bin ein böser Mensch. Ein abstoßender Mensch bin ich.«

Auch Knight offenbarte kein geringes Maß an Selbstverachtung, aber es wurde aufgewogen von einem glühenden Stolz, zu dem gelegentlich noch ein Anflug von Überheblichkeit hinzukam. Das Gleiche gilt für den namenlosen Ich-Erzähler aus den *Aufzeichnungen*. Auf der letzten Seite der Novelle legt er jede Zurückhaltung ab und spricht in aller Offenheit seine Empfindungen aus: »Was mich im Besonderen angeht, so habe ich in meinem Leben lediglich das zum Äußersten gewagt, was Sie nicht einmal zur Hälfte gewagt haben, wobei Sie Ihre Feigheit auch noch für Einsicht hielten und sich trösteten, indem Sie sich selbst betrogen. Also stellt sich heraus, dass ich zu guter Letzt noch ›lebendiger‹ bin als Sie, meine Herrschaften.«

17

Lesen oder Radiohören nahm nicht den größten Raum in Knights Freizeitgestaltung ein. In erster Linie übte er sich im Nichtstun. Oft saß er einfach nur in stiller Kontemplation auf seinem umgedrehten Eimer oder auf dem Gartenstuhl. Er sang nicht leise vor sich hin, murmelte kein Mantra, verschränkte die Beine nicht zur Lotusposition. Was er getan hatte, bezeichnete er als Tagträumerei. »Oder meinetwegen als Meditation«, sagte er. »Ich dachte über die verschiedensten Dinge nach. Was immer mich gerade beschäftigte.«

Langweilig war ihm nie. Er wäre sich nicht einmal sicher, erzählte er, was Langeweile überhaupt sei. Langeweile empfänden nur Leute, die meinen, ständig etwas tun zu müssen, und das gelte wohl für die meisten Menschen. Im alten China hatten die Eremiten begriffen, dass *Wuwei*, »Nichtstun«, ein essentieller Teil des Lebens ist, und Knight meinte, in der heutigen Welt gebe es einfach nicht mehr genug von diesem *Wuwei*.

Knights Nichtstun implizierte noch eine andere Komponente. »Naturbetrachtungen«, nannte er es, doch die Bezeichnung gefiel ihm nicht. »Es klingt mir zu sehr nach Disney.« Die Natur kenne keine Gnade, verkündete Knight. Die Schwachen überlebten nicht, aber ebenso wenig die

Starken. Das Leben sei ein erbarmungsloser fortwährender Kampf, den jeder verliere.

Aus seinem Lager heraus hatte Knight keinen weiten Blick, deshalb nahm er seine Umgebung mehr mit den Ohren wahr als mit den Augen und entwickelte über die Jahre ein ausgezeichnetes Gehör. Der Soundtrack der jeweiligen Jahreszeit untermalte sein Leben. Im Frühling lärmte das wilde Federvieh – kreischende Truthähne, kollernde Fasanen –, dazu das Gezirpe der Frösche. »Man verwechselt sie leicht mit Zikaden, aber es sind tatsächlich Frösche.« Im Sommer gaben die Vögel morgens und abends ihre Konzerte, und auf den Seen knatterten die Motorboote – für Knight war Letzteres der exemplarische Klang herumspielender Menschen.

Im Herbst erklang dann das laute dumpfe Flügelschlagen des Kragenhuhns, mit dem die Männchen in der Balz um Weibchen werben, während die Hirsche über das trockene Laub schritten, »als gingen sie auf Cornflakes«. Im Winter schallte das Dröhnen zerberstender Eisschollen über den See, das klang, als würde eine Bowlingkugel die Kegelbahn hinunterpoltern.

Ein schwerer Sturm übertönte alles andere. Wenn Knight sich nach drei oder vier Tagen an das ständige Heulen des Winds gewöhnt hatte und der Sturm dann plötzlich vorüber war, klang ihm die nachfolgende Stille fremd in den Ohren. Manchmal prasselte sintflutartiger Regen vom Himmel, mächtige Donnerschläge erschütterten die Erde. Und wenn irgendwo in seiner Nähe ein Blitz einschlug, bekam Knight, wie er freimütig einräumte, riesige Angst. »Ich mag Regenwetter, aber in mir steckt noch genug von dem kleinen Jungen, der ich mal war, um mich vor Gewittern zu fürchten.«

In manchen Jahren sah er viel Rotwild, in anderen bekam er kaum welches zu Gesicht, höchstens mal einen einsamen Elch. Einmal das Hinterteil eines Pumas. Einen Bären bekam er nie zu sehen. Kaninchen gab es entweder in rauen Mengen oder gar keine. Die Mäuse waren tollkühn – wenn er im Zelt lag, kamen sie oft zu ihm herein und huschten ihm über die Stiefel. Ein Haustier zu halten, zog er nie in Erwägung. »Ich durfte mich in keine Situation bringen, in der ich mich mit meinem Haustier um Nahrung hätte streiten oder es hätte schlachten müssen, um zu überleben.«

Sein einziger Gefährte war wohl ein Pilz. In Knights Wald gibt es Myriaden davon, aber dieser bestimmte, ein Gemeiner Schwefelporling, ragte in Kniehöhe aus der höchsten Hemlocktanne, die es in Knights Lager gab. Er begann, den Pilz zu beobachten, als dessen Hut nicht größer war als das Zifferblatt einer Armbanduhr. Der Pilz wuchs ohne Eile, im Winter verborgen unter einer Schneezipfelmütze, und nach zwei Jahrzehnten war der Hut schließlich auf die Größe eines Esstellers angewachsen, durchzogen von schwarzen und grauen Streifen.

Der Pilz bedeutete Knight etwas. Nach seiner Festnahme hatte er sich Sorgen gemacht, dass die Polizisten, die achtlos durch sein Lager gestapft waren, den Porling versehentlich abgerissen haben könnten. Als er erfuhr, das der Pilz noch da war, zeigte Knight sich erleichtert.

Selbst in den warmen Monaten verließ er sein Lager tagsüber nur selten. Einzig am Ende des Sommers, wenn die Hüttenbesitzer abreisten und die Mückenplage nicht mehr ganz so schlimm war, unternahm er manchmal eine kurze Wanderung. In der Nähe gab es einige ästhetisch ansprechende Baumgruppen, die er gern besuchte, natürliche Zen-Gärten. Einer bestand aus einer geisterhaften Anordnung weißer Birken mit einer papierartigen Rinde, ein anderer aus Espen, die beim leisesten Windhauch erzitterten. Am Ufer des North Pond verbrachte er hin und wieder etwas Zeit an den Sandbänken, die ihm wie kleine Strände erschienen. »Es kam vor, dass ich mir irgendeine Radiosendung angehört habe und ewig wach blieb«, erzählte er. »Dann kletterte ich auf eine Anhöhe und beobachtete, wie sich im Tal der Bodennebel sammelte.«

Herbstliches Laubwerk ist zweifellos wunderschön anzusehen, jeder mag diesen Anblick. Doch Knight fand den Wald am schönsten, wenn die Bäume kahl waren, aussahen wie Skelette. »Ich habe wohl zu viel viktorianische Literatur gelesen, alte gebrauchte Bücher mit einem Exlibris, und auf vielen davon sah man einen kahlen Baum, der wohl eine Art Verlustgefühl oder dunkle Ahnungen auslösen soll.«

Geburtstage oder Weihnachten feierte er nie, auch andere offizielle Feiertage beging er nicht. Normalerweise wusste er nicht einmal, welcher Tag gerade war, es sei denn, er hatte soeben Radio gehört. Er beobachtete regelmäßig die Nordlichter, die wie wallende grüne oder rosafarbene Schleier vom Himmel herabhingen, und wenn in den Nachrichten eine Mondfinsternis angekündigt wurde, sah er sie sich auf einer offenen Lichtung an. An der Art, wie die nächtliche Dunkelheit in den Tag überging, erkannte er die Winter- und Sommersonnenwende, ebenso die Herbst- und Frühlings-Tagundnachtgleiche. Doch auch diese Ereignisse feierte er nicht. »Ich habe keine Lieder gesungen, habe nicht getanzt und keine Opfer dargebracht.«

Besonders lieb waren Knight die Tage rund um den 4. Juli, den amerikanischen Unabhängigkeitstag. Er sah sich keine Feuerwerke an, sondern genoss seine eigene private Lichterschau. »Es war der Höhepunkt der Glühwürmchensaison. Ich fand, das passte poetisch. John Adams hätte es bestimmt genauso gesehen. War er nicht derjenige, der vorgeschlagen hatte, am 4. Juli Feuerwerke zu veranstalten?«

Es schien, als ob sich Knight augenblicklich an alles erinnern konnte, was er je gelesen oder gesehen hatte. Er erklärte jedoch, er besitze kein fotografisches Gedächtnis. Er habe eben ein gutes Erinnerungsvermögen. »Sowohl Adams als auch Jefferson sind am 4. Juli 1826 gestorben«, fügte er an. Er frage sich, ob die moderne Gesellschaft mit ihrer Informationsflut und ihrer Dauerbeschallung uns Menschen nicht verdummen lasse. »Ich für meinen Teil wurde nicht gerade überflutet mit Informationen«, erklärte er. »Ich hielt eine strenge Diät, sowohl im wortwörtlichen als auch im übertragenen Sinn.« Dazu schrieb Nicholas Carr in dem Buch *Wer bin ich, wenn ich online bin… und was macht mein Gehirn so lange?*, das Internet verringere unablässig unsere Konzentrations- und Erkenntnisfähigkeit.

Mehr als einem Dutzend in aller Welt durchgeführten Studien zufolge dürfte Knights Lager – eine Oase natürlicher Stille – die ideale Umgebung gewesen sein, um eine maximale Hirnleistung zu fördern. Man hatte untersucht, welchen Unterschied es für den Menschen macht, ob er an einem ruhigen oder einem lärmerfüllten Ort lebt. Die Studien gelangten alle zum gleichen Schluss: Lärm und ein unruhiges Umfeld sind toxisch.

Das Hauptproblem mit Umweltlärm besteht darin, dass man ihn nicht ignorieren kann. Der menschliche Körper ist so erschaffen, dass er darauf reagiert. Schallwellen versetzen drei winzige Gehörknöchelchen im Mittelohr – Hammer, Amboss, Steigbügel – in mechanische Schwingungen, die, in elektrische Impulse umgewandelt, direkt ins Hörzentrum des Gehirns schießen.

Der Körper reagiert augenblicklich, selbst im Schlaf. Großstadtbewohner haben chronisch erhöhte Stresshormonwerte. Diese Hormone, besonders Cortisol, treiben den Blutdruck in die Höhe und tragen zu Herzerkrankungen und zellulären Schäden bei. Lärm schädigt den Körper und kocht das Hirn. Das englische Wort für Lärm, *noise*, entstammt dem lateinischen Wort *nausea* – »Übelkeit«.

Man benötigt gar nicht so viel Stille oder muss unbedingt allein sein, um der Stressfalle zu entfliehen. Aber man sollte sich so oft wie möglich in ein beruhigendes Umfeld begeben. Japanische Forscher an der Chiba-Universität haben herausgefunden, dass ein täglicher fünfzehnminütiger Waldspaziergang den Cortisolanteil im Blut signifikant und den

Blutdruck moderat senkt und die Herzschlagrate verlangsamt. Physiologen glauben, dass sich unser Körper in einer natürlichen Umgebung entspannt, weil wir uns in freier Natur entwickelt haben. Unsere Sinnesorgane sind in der Steppe und in Wäldern herangereift und bleiben weiterhin darauf geeicht.

Imke Kirste, Verhaltensbiologin an der Duke University, fand heraus, dass zwei Stunden völliger Stille am Tag bei Mäusen die Zellentwicklung im Hippocampus förderten, der Hirnregion, in der die Gedächtniskonsolidierung stattfindet. Studien in den USA, Großbritannien, Holland und Kanada ergaben, dass Versuchspersonen, die sich eine Zeitlang in einer stillen ländlichen Umgebung aufgehalten hatten, gelassener, auffassungsfähiger, weniger depressiv und weniger ängstlich waren und ein gesteigertes Wahrnehmungsvermögen und bessere Gedächtnisleistungen hatten. Mit anderen Worten: Zeit in der Stille der Natur zu verbringen, macht einen klüger.

Das Höchstmaß an Ruhe genoss Knight während einer spätsommerlichen Hitzewelle mitten in der Woche, wenn die Blockhütten fast ausnahmslos leer standen. Das geschah vielleicht einmal im Jahr. Dann verließ er nachts sein Lager und begab sich hinunter zum See, entledigte sich seiner Kleidung und ließ sich ins Wasser gleiten. Nach der Hitze des Tages hatte die Oberfläche des Sees beinah noch Badewannentemperatur. »Ich habe mich auf den Rücken gedreht und zu den Sternen aufgeschaut.«

18

Das einzige Buch, das Knight bei seinen Einbrüchen nicht mitgehen ließ, war jenes, das ihm am häufigsten begegnete. »Ich hatte keinen Bedarf für die Bibel«, erklärte er. Knight stammt aus einer protestantischen Familie, ging als Kind aber nicht in die Kirche, wenngleich er jede einzelne Seite im Buch der Bücher gelesen hatte. »Ich praktiziere keine bestimmte Religion, bevorzuge kein bestimmtes Glaubenssystem. Zum gegenwärtigen Zeitpunkt würde ich mich eher als Polytheisten denn als Monotheisten bezeichnen. Ich glaube an eine Vielzahl von Göttern für verschiedene Situationen. Namen habe ich keine für diese Gottheiten, und ich glaube nicht an den einen großen Gott, der über allen anderen steht.«

Stattdessen verschrieb er sich einer bestimmten Denkschule. Er praktizierte den Stoizismus, jene altgriechische, im 3. Jahrhundert v.Chr. aus sokratischen Vorstellungen hervorgegangene Philosophie, deren Ideal der Weise ist, der der Natur gemäß lebt, die Affekte beherrscht, Leiden stoisch gefasst trägt und mit der Tugend als einziger Quelle der Glückseligkeit zufrieden ist. Gefühlsausbrüche müssen sich der Vernunft unterwerfen. Emotionen führen den Menschen in die Irre. »Im Wald hat es niemanden gegeben, bei dem ich mich über etwas hätte beschweren können, also habe ich mich nicht beschwert«, erzählte Knight.

In Abwesenheit eines allem übergeordneten Gottes schien Knights Verehrung Sokrates zu gelten. Der 469 v. Chr. geborene Philosoph war selbst kein Einsiedler, propagierte diesen Lebensstil aber. Sokrates war offenbar zu dem Schluss gelangt, dass die Muße sein kostbarster Besitz war. »Hüte dich vor der Leere eines geschäftigen Lebens«, lautet ein ihm zugeschriebenes Zitat. Er lief stets barfuß und aß nur Fleisch von minderer Qualität. Nichts schien ihn zu stören. Wegen Gottlosigkeit und ketzerischer Lehre verurteilte man ihn zum Tode, herbeigeführt durch einen vergifteten Trank. Freiheit erlange man nicht, indem man sich sein Begehren erfülle, sondern indem man es beseitigt – dies scheint Sokrates' Lehre gewesen zu sein.

Wenn Knight im Wald mit lebensbedrohlichen Herausforderungen konfrontiert wurde, brachte er keinerlei Emotion darüber zum Ausdruck, sondern behielt den leidenschaftslosen Gleichmut des Stoikers bei. Er betonte, zu keinem Zeitpunkt zu einer höheren Macht gebetet zu haben. Mit einer Ausnahme. Wenn der eisigste Winter über Maine hereinbrach, verloren alle Regeln ihre Gültigkeit. »Bei minus zwanzig Grad ist Schluss mit lustig. Da gibt es keinen Atheisten mehr im Fuchsbau. Da wird man plötzlich doch religiös und fängt an zu beten. Man betet für Wärme.«

Knights Überlebensstrategien waren in erster Linie auf den Winter ausgerichtet. Wenn die Blockhütten zum Saisonende dichtgemacht wurden und oft jede Menge Essen in den Vorratskammern zurückblieb, begab Knight sich auf ausgedehnte Einbruchstouren, oft die ganze Nacht lang. »Es war meine geschäftigste Zeit. Erntezeit. Ein urtümlicher Instinkt. Allerdings keiner, den man normalerweise mit Verbrechen assoziiert.«

Sein Hauptziel bestand darin, sich Winterspeck anzufuttern. Es war eine überlebenswichtige Notwendigkeit. Jedes Säugetier in seinem Wald, von der Spitzmaus bis zum Elch, folgte diesem Plan. Er stopfte sich mit Zucker voll und trank Unmengen von Alkohol – der schnellste Weg, um zuzunehmen –, und ihm gefiel das Gefühl der Trunkenheit. Die Etiketten auf den gestohlenen Flaschen – Allen's Coffee Flavored Brandy, Seagram's Escapes Strawberry Daiquiri, Parrot Bay Coconut Rum und etwas namens Whipped Chocolate Valley Vines, eine Mischung aus Schokosoße, Schlagsahne und Rotwein – belegten indes, dass Knight keinen blassen Schimmer hatte, was ein anständiger Drink war. Das räumte er auch umstandslos ein.

Die unverderblichen Lebensmittel stopfte er in Plastikbeutel. Des Weiteren nahm er warme Kleidung und Schlafsäcke. Und er legte einen Gasvorrat an, schleppte die bauchigen weißen Behälter, die er unter den Grills entdeckte, quer durch den Wald zu seinem Lager. Das Propangas war lebenswichtig – nicht zum Kochen (auch ungekochtes Essen ist nahrhaft) oder Heizen (im Zelt Gas zu verbrennen kann eine tödliche Menge Kohlenmonoxid freisetzen), sondern um Schnee zu schmelzen und auf diese Weise Trinkwasser zu erzeugen. Es war ein höchst verbrauchsintensives Verfahren; Knight benötigte zehn Gastanks pro Winter. Die leeren Behälter brachte er nicht zurück, sondern vergrub sie in der Nähe seines Lagers.

Die Wintervorräte anzulegen, war ein Wettlauf gegen die Zeit. Sobald es im November ernsthaft zu schneien begann, kamen Knights Unternehmungen zum Erliegen. Spurlos durch den Schnee zu stapfen ist ein Ding der Unmöglichkeit, und Knight war besessen davon, keinen einzigen Stiefelabdruck zu hinterlassen. Deshalb verließ er sein Versteck in den nächsten sechs Monaten, bis zum Tauwetter im April, so gut wie gar nicht mehr.

Zum Schutz gegen die Kälte ließ er sich einen knapp drei Zentimeter langen »Winterbart« stehen. Die Länge war perfekt, um sein Gesicht warm zu halten, ohne dass der Bart dabei vereiste. Den Sommer über rasierte er sich – mit gestohlener Rasiercreme – beinah täglich, damit er nicht so stark schwitzte. Nur zum Höhepunkt der Mückensaison diente ihm ein Stoppelbart als natürlicher Insektenschutz. Im zentralen Maine sind die Mückenschwärme derart dicht, dass man bei jedem Atemzug ein paar der Plagegeister inhaliert, und nach jedem Schlag auf den Unterarm klebt einem das eigene Blut an den Fingern. Für viele Einheimische am North Pond ist die sommerliche Mückenplage schwerer zu ertragen als der härteste Kälteeinbruch im Winter.

Sobald die Mückenzeit vorbei war, rasierte Knight sich wieder täglich, bis im Spätherbst die Sturmsaison begann – Gesichtsbehaarung bietet auch gegen Wind einen wirksamen Schutz. Was seine Kopfbehaarung betraf, hielt er es simpel: Mehrmals im Jahr verpasste er sich mithilfe einer Schere und eines Wegwerfrasierers eine Vollglatze. Während seines gesamten Waldlebens entsprach Knights Erscheinungsbild nie dem des typischen Eremiten, der in der Regel zottelig und ungepflegt daherkommt. Erst im Gefängnis, als er kein Eremit mehr war, begann er, wie einer auszusehen. Es war wohl seine Vorstellung von Schabernack.

Man ist geneigt zu glauben, dass Knight in der kalten Jahreszeit einfach nur geschlafen hätte, eine Art menschlicher Winterschlaf. Aber die Annahme ist falsch. »Es ist gefährlich, im Winter zu lange zu schlafen«, erzählte er. Es sei ihm extrem wichtig gewesen, immer die genaue Temperatur zu kennen, weshalb es in seinem Lager drei Thermometer gab: ein Quecksilberthermometer, ein digitales und eines mit Federdruck. Auf ein Thermometer allein wollte er sich nicht verlassen, er bezog seine Informationen lieber aus mehreren Quellen.

In der kalten Jahreszeit legte er sich für gewöhnlich abends um halb acht schlafen. Er mummelte sich unter mehreren Lagen von Schlafsäcken ein und befestigte sie mit einem Spanngurt am Boden, damit sie in der Nacht nicht herunterrutschten. Falls er Wasser lassen musste, war es ihm zu umständlich, unter all dem Bettzeug hervorzukriechen. Deshalb benutzte er eine breithalsige Kanne, die er mit einem passenden Pfropfen verschloss. Ganz gleich, was er versuchte, seine Füße richtig warm zu halten, gelang ihm nicht. »Mehrere dicke Wollsocken, Stiefelfutter. Manchmal habe ich auch beide Füße in eine einzige Socke gesteckt, weil ich mir dachte, so würden sie wärmer bleiben. Na ja, eine perfekte Lösung habe ich nie gefunden.« Dennoch erlitt er nie eine Erfrierung, weder an den Zehen noch an den Fingern. Wenn er sich hingelegt hatte, schlief er sechseinhalb Stunden und stand morgens um zwei auf.

Nun war er also wach, mitten in der Nacht bei extremen Minusgraden. Es spielte keine Rolle, wie dick er sich eingemummelt hatte – wäre er länger liegen geblieben, hätten seine Ausdünstungen im Schlafsack vereisen können. Dann wäre seine Körpertemperatur rapide gesunken, und die lähmende, mit der Hypothermie einhergehende Lethargie hätte seinen ganzen Körper erfasst und wäre, von den Händen und Füßen ausgehend, wie eine Invasionsarmee zu seinem Herzen vorgerückt. »Wenn man in der Eiseskälte einfach weiterschläft, wacht man womöglich nie mehr auf.«

Das Erste, was er um zwei Uhr morgens tat, war, den Kocher anzuwerfen und Schnee zu schmelzen. Um seine Blutzirkulation in Gang zu bringen, lief er anschließend eine Weile im Lager herum. »Raus aus dem Zelt. Nach links wenden. Fünfzehn Schritte. Wieder nach links wenden. Acht Schritte. Zur Wintertoilette. Mein Geschäft erledigen. Zwanzig Schritte zurück. Ein großes Dreieck. Dann das Ganze von vorn. Und noch mal. Und wieder. Ich bleibe gern in Bewegung.« Als Nächstes lüftete er die Schlafsäcke, schüttelte die Feuchtigkeit heraus. Ein Vierteljahrhundert lang folgte er in jeder bitterkalten Nacht diesem Prozedere. Falls es geschneit hatte, schippte er Schnee und schob ihn an den Rand des Lagers, wo der Schnee sich auftürmte und ihn einmauerte.

Seine Füße wurden zwar niemals richtig warm, aber solange er ein trockenes Paar Socken zur Verfügung hatte, war es eigentlich kein Problem für ihn. Trockenheit ist wichtiger als Wärme. Im Morgengrauen war sein Wasservorrat für den kommenden Tag fertig. Die Versuchung, sich nun wieder hinzulegen, war groß, doch er widerstand ihr. Er war ein Meister der Selbstbeherrschung, hatte sich voll im Griff. Kurze Nickerchen verbot er sich, weil es ihn womöglich um seinen erholsamen Nachtschlaf gebracht hätte.

Im Winter war er oft unruhig, weil er sich so exponiert fühlte. Zwar waren kaum Leute unterwegs, aber wegen der kahlen Bäume stieg das Risiko, dass jemand sein Lager sichten könnte. Allerdings konnte sich niemand im Wald lautlos bewegen, das heißt niemand außer Knight selbst. Er hätte es gehört, falls sich jemand genähert hätte. Für diesen Fall hatte er einen Plan B, einen Fluchtplan. Wäre jemand gekommen, hätte Knight sich tiefer in den Wald zurückgezogen.

Nicht allzu weit entfernt vom Lager hatte er ein Geheimdepot angelegt. Im Waldboden vergraben, so perfekt mit Zweigen und Laub getarnt, dass man ahnungslos darüber hinwegmarschiert wäre, lagen zwei metallene Mülleimer und ein großer Plastikbeutel. Sie enthielten eine Campingausrüstung und ausreichend Winterkleidung. Wäre jemand auf Knights Lager gestoßen, hätte Knight sich mit den Sachen aus dem Geheimdepot auf und davon gemacht und woanders von Neuem begonnen. Er hatte sich der Einsamkeit mit Haut und Haar verschrieben.

19

Dass viele ihn für durchgeknallt hielten, machte Knight zu schaffen. »Man hat mir angehängt, verrückt zu sein. Ich weiß ja, dass ich einen ungewöhnlichen Lebensweg eingeschlagen habe. Aber die Bezeichnung ›verrückt‹ stört mich«, erklärte er. »Es ärgert mich, denn man kann darauf nur falsch reagieren.« Wenn jemand einen frage, ob man verrückt sei, könne man entweder mit Ja antworten, führte er aus, und dann sei man eben ein Verrückter. Oder man sage nein, und dann klinge es, als würde man sich verteidigen, als fürchte man, tatsächlich verrückt zu sein. »Es gibt keine gute Antwort darauf«, sagte er.

Wenn schon, dann hielt Knight sich, ganz im Sinne des traditionellen Stoizismus, für das Gegenteil von verrückt – für besonnen und vernünftig. Als er hörte, viele Einheimische fänden es grotesk, dass er unter seinem Lagerplatz Unmengen von Zeitschriftenbündeln verbuddelt hatte, regte er sich fürchterlich auf. Für alles, was er im Wald getan habe, gäbe es einen guten Grund, erklärte er. »Die Leute kennen meine Beweggründe nicht. Sie sehen nur das Äußerliche und ziehen vorschnelle Schlüsse. Ich hatte eine Strategie, einen langfristigen Plan. Die Leute begreifen es nicht, weil ich nicht dabei war und es ihnen nicht erklären konnte.« Es sei doch eine pfiffige Recyclingmethode gewesen, jene Zeitschriftenbündel als Fußboden wiederzuverwerten.

Möglicherweise hielt Knight sich für einen der letzten zurechnungsfähigen Menschen, die es noch gab. Es verblüffte ihn, dass man es völlig akzeptabel findet, im Austausch gegen Geld einen Großteil seines Lebens in Großraumbüros zu hocken und auf Computerbildschirme zu starren, während man ein entspanntes Leben im Wald für gestört hält. Bäume zu betrachten zeuge von geistiger Trägheit, Bäume abzuholzen von Unternehmertum. Was tat Knight, um zu leben? Er lebte, um zu leben.

Sein Aussteigerdasein wollte er keinesfalls als Zivilisationskritik verstanden wissen. »Ich habe kein bewusstes Urteil über die Gesellschaft oder über mich selbst gefällt. Ich bin lediglich einen anderen Weg gegangen.« Doch aus seinem Versteck im Wald heraus hatte er genug von der Welt gesehen, um sich davon abgestoßen zu fühlen, dass die Leute sich ständig massenweise neues Zeug anschafften, während der Planet allmählich zugrunde ging; dass sie sich von »knallbunten Nichtigkeiten« auf Myriaden von kleinen Bildschirmen hypnotisieren ließen und in Apathie verfielen. Knight beobachtete das moderne Leben und erschauderte ob dessen Banalität.

C.G. Jung soll gesagt haben, nur ein Introvertierter könne die unermessliche Stupidität des Menschen erkennen. Nietzsche schrieb: »Wo das Volk isst und trinkt, selbst wo es verehrt, da pflegt es zu stinken.« Knights spezieller Freund Thoreau meinte, alle Gesellschaften, egal, wie wohlmeinend sie seien, würden ihre Bürger pervertieren. Sartre schrieb: »Die Hölle, das sind die anderen.«

Die maßgebliche Frage sei nicht, so Knight, warum jemand eine Gesellschaft verlasse, sondern warum er sie *nicht* verlasse. »Unsere Welt stürzt unbesonnen voran wie ein reißender Strom«, sagte ein Einsiedler einst zu Konfuzius. »Wäre es nicht klüger, denen zu folgen, die sich von der Welt lossagen?« Dem indischen Dichter Jiddu Krishnamurti schreibt man folgende Aussage zu: »Der Gesundheitszustand des Menschen lässt sich nicht daran erkennen, wie gut er sich an eine zutiefst kranke Gesellschaft angepasst hat.«

Die Webseite »Hermitary«, eine digitale Fundgrube für alles, was mit Eremiten zu tun hat, veröffentlichte eine Reihe von Essays eines modernen Einsiedlers – er bezeichnet sich als »heimatlosen Wanderer« –, der seine Posts nur mit dem Buchstaben S. unterschreibt. »Die Gesellschaft ist in weiten Teilen immer schon ein unmoralisches gewalttätiges Tollhaus gewesen«, heißt es bei S. Es gebe eine nie endende Abfolge von Verbrechen, Korruption, Krankheit und ökologischem Verfall. Die Antwort auf Konsum sei immer nur mehr Konsum. Der Gesellschaft fehle jeglicher Mechanismus, um ein Gleichgewicht zwischen Mensch und Natur zu erlangen. Im Kern seien wir alle nur Mastvieh. Sein Schlusswort lautet: »In unserer Gesellschaft zu leben und an ihr teilzuhaben ist der eigentliche Wahnsinn *und* ein Verbrechen.« Wenn man kein Einsiedler sei, der sich von allem und allen fernhalte, trage man automatisch zur Zerstörung des Planeten bei.

Auf Anordnung des Staates Maine wurde Knight nach seiner Verhaftung von einem Gerichtspsychiater auf seinen Geisteszustand hin untersucht. Dem Gutachten zufolge hielt man Knight für »voll zurechnungsfähig«. Gleichzeitig enthielt das Gutachten drei mögliche Diagnosen: das Asperger-Syndrom, Depression oder eine schizoide Persönlichkeitsstörung.

Die Nennung des Asperger-Syndroms kam nicht überraschend. Eine Zeitlang wurde jedem intelligenten zurückhaltenden Exzentriker von Bobby Fischer bis zu Bill Gates beinah automatisch dieser Stempel aufgedrückt, und vielen anderen historischen Persönlichkeiten widerfuhr es postum, darunter Persönlichkeiten wie Isaac Newton, Edgar Allan Poe, Michelangelo oder Virginia Woolf. Newton fiel es schwer, Freundschaften zu schließen, und vermutlich lebte er zölibatär. In seinem Gedicht »Allein« schrieb Poe: »Von klein an ging ich eigne Bahn;/Ich sah nicht so, wie andre sahn;/... Ich liebte, was nur ich geliebt.« Michelangelo soll in einem Brief niedergeschrieben haben: »Ich habe keine Freunde, und ich will auch keine.« Woolf beging Selbstmord.

Das Asperger-Syndrom, einst als untergeordneter Typ des Autismus klassifiziert, wurde nach dem österreichischen Kinderarzt Hans Asperger benannt, der in den vierziger Jahren als einer der Ersten das Krankheitsbild identifizierte und beschrieb.

Dem Neurologen und Autor Oliver Sacks zufolge glaubte Asperger – im Gegensatz zu seinen damaligen Forscherkollegen –, dass Autisten segensreiche Talente besitzen können und zu einem »besonders genuinen Denken« befähigt seien, das unbeeinflusst sei von Schamgefühlen und kulturellen Wertmaßstäben. Ohne jede Scheu würden sie zuweilen brillante, extrem unkonventionelle Ideen entwickeln. Beinah jeder Autist, den Sacks beobachtete, schien am glücklichsten zu sein, wenn er allein war. Der Begriff »Autismus« entstammt dem griechischen Wort *autós* für »selbst«.

»Das Heilmittel für das Asperger-Syndrom ist sehr simpel«, schrieb Tony Attwood, ein Psychologe und Asperger-Experte aus Australien. Die Lösung bestehe darin, die Person in Ruhe zu lassen. »Wenn man allein ist, hat man kein defizitäres Sozialverhalten, kein Kommunikationsproblem. Im Alleinsein lösen sich alle diagnostischen Kriterien auf.«

Im DSM-5, der fünften Auflage des *Diagnostischen und Statistischen Manuals Psychischer Störungen* aus dem Jahr 2013, wurde das Asperger-Syndrom als Einzelstörung entfernt. Es zählt nun zusammen mit anderen Erscheinungsformen des Autismus offiziell zum Spektrum autistischer Erkrankungen.

Es war unklar, ob Knight tatsächlich an einer autistischen Erkrankung litt. Ein halbes Dutzend Fachleute begutachteten seine Geschichte. Sie erklärten, eine genaue Diagnose sei unmöglich, ohne den Mann persönlich getroffen zu haben. Dennoch verkündeten sie bereitwillig ihre Meinung zu Knight. Thomas W. Frazier, Leiter des Autismus-Zentrums an der Cleveland Clinic, erklärte, Knight weise »ziemlich offenkundig« autistische Züge auf. Darauf deuteten insbesondere seine Sinnesempfindlichkeit hin, seine Unfähigkeit, anderen in die Augen zu schauen, sowie der Umstand, dass er keine Freunde habe. Autismus enthalte auch eine genetische Komponente, und in Knights so still und zurückgezogen lebender Familie könnte es einen sogenannten breiten autistischen Phänotyp gegeben haben.

Der renommierte südafrikanische Neurologe Henry Markram, dessen Sohn Kai an einer autistischen Erkrankung leidet, erklärte die Störung mit seiner von ihm so bezeichneten *Intense-world*-Theorie: Bewegungen, Klänge und Lichter, denen die meisten von uns keine große Beachtung schenken, kommen einem Autisten wie ein endloser Angriff vor. Ihr Leben gleicht einem Daueraufenthalt am Times Square. Autisten nehmen zu viel auf und lernen zu schnell, fühlen sich nicht nur von den eigenen, sondern auch von den Emotionen anderer Menschen überwältigt. Einer Person ins Gesicht zu schauen, ist für sie so, als würden sie auf ein Stroboskop starren. Eine quietschende Bettfeder klingt, als würde jemand mit den Fingernägeln über eine Schultafel kratzen. Um in stabiler Verfassung zu bleiben, müsse der Autist, so Markram, sein Leben im größtmöglichen Maße regulieren, einen rigorosen Fokus auf Details und Wiederholungen entwickeln.

Oliver Sacks schrieb, Autisten müssten sich zumeist eine eigene, ruhige und geordnete Welt erschaffen, um mit dem »dauerhaften Sperrfeuer an Sinneseindrücken« zurechtzukommen. Viele Autisten erschaffen sich diese Welt in ihrem Kopf, Knight erbaute die seine im Wald.

Doch Stephen M. Edelson zufolge, dem Leiter des Forschungsinstituts für Autismus in San Diego, erreichte Knights Verhalten nicht das Spektrum autistischer Erkrankungen, wie sehr dies auch den Anschein gehabt haben mochte. Edelson glaubte, dass kein erfahrener Arzt, der die Gelegenheit bekäme, Knight persönlich kennenzulernen, ihn als »autistisch« bezeichnen würde. Knights Fähigkeit, vorauszuplanen und sein Leben zu gestalten, sowie der Umstand, über einen so langen Zeitraum aus eigener Kraft und ohne jede therapeutische Maßnahme überlebt zu haben, seien extrem uncharakteristisch für einen Autisten.

Catherine Lord, eine Psychologieprofessorin am New Yorker Weill Cornell Medical College, erklärte, selbst im schwersten Fall von Autismus, der ihr bislang untergekommen sei, habe es immer eine Person gegeben, die der Betroffene gern um sich hatte. Viele Autisten wünschten sich menschlichen Kontakt und Umarmungen, wüssten aber nicht, in welchen Situationen dies angemessen sei. »Knight mag einige autistische Züge an den Tag gelegt haben«, sagte der privat praktizierende New Yorker Psychologe Peter Deri. »Er tat aber auch Dinge, die so rein gar nicht zum Autismus passen. Autisten begehen keine Einbrüche, sie stehlen nicht, sind nicht kriminell.« Knight offenbarte weder die typischen Wackelbewegungen, noch wiederholte er sich ständig, beides charakteristisch für eine autistische Erkrankung.

Eine weitere Diagnose, die der Gerichtspsychiater in seinem Gutachten über Knight anbot, war die schizoide Persönlichkeitsstörung. Es ist nicht dasselbe wie Schizophrenie, bei der Menschen typischerweise den Kontakt zur Realität verlieren und Halluzinationen und Wahnvorstellungen erleben. Die schizoide Persönlichkeitsstörung ähnelt insofern dem Autismus, als dass der Betroffene selten enge Beziehungen eingeht und in der Regel zu hochkomplexen Gedankengängen fähig ist. Der Autist allerdings wünscht sich durchaus Freunde, versteht aber nicht die Spielregeln sozialer Interaktion. Dagegen sind Personen, die an einer schizoiden Persönlichkeitsstörung leiden, grundsätzlich lieber allein. Ihnen fehlt jedes Interesse an anderen Menschen, sogar im Bereich der Sexualität. Sie kennen die sozialen Spielregeln, folgen ihnen aber nicht. Menschen sind ihnen gleichgültig. Die Leiterin des klinischen Psychologieprogramms an der Harvard University Jill Hooley war der Meinung, Knights Verhalten habe Merkmale einer schizoiden Persönlichkeitsstörung gehabt.

Es gibt gute Argumente dafür, Knight eine schizoide Persönlichkeitsstörung zuzuschreiben, gleichzeitig spricht manches dagegen. Es ist belegt, dass Menschen ihm in schizoider Weise gleichgültig waren, aber sein Unvermögen, einen natürlichen Umgang mit seinen Mitmenschen zu pflegen, sowie seine Überempfindlichkeit gegenüber sensorischen Veränderungen schienen für einen klassischen Fall von Autismus zu sprechen. »Die Versuchung, Knight in irgendeine Schublade zu stecken, ist groß«, sagte Peter Deri. »War er depressiv? Schizoid? Bipolar? Gibt es aspergische Züge?«

Vielleicht existiert irgendeine Abnormität in seinem Gehirn: eine Beschädigung der Amygdala, ein Oxytocinmangel, ein Ungleichgewicht der Endorphine. Stephen M. Edelson machte bei Knight die unterschiedlichsten Syndrome aus, warf dann aber die Flinte ins Korn und spöttelte: »Meine Diagnose lautet: Er war ein Eremit.«

»Nichts ergibt vollständig Sinn«, sagte Deri. »Die Komplexität dieses Mannes ist derart verwirrend, dass man ihm diagnostisch alles und nichts zuschreiben könnte. Sein Unterfangen – ich meine das jahrzehntelange Waldleben – erfordert jedenfalls unbedingte menschliche Größe, es ist absolut außergewöhnlich. Knight ist wie eine Rorschach-Tafel, ein Objekt, in das man alles Mögliche hineinlesen kann.«

Knight zeigte wenig Interesse an den Meinungen der Ärzte. »Vom Asperger-Syndrom habe ich erst hier im Gefängnis gehört. Es ist doch nur ein Etikett, das man einer Reihe von Verhaltensweisen anpappt.« Er räumte ein, dass eine Therapie ihm womöglich etwas bringen könnte, bestand aber darauf, dass jedwede psychische Störung, die man ihm zuschrieb, nicht als Rechtfertigung für seine Verbrechen herhalten solle. Psychopharmaka einzunehmen kam für ihn jedenfalls nicht infrage.

»Ich möchte nicht in der Opferrolle sein. Das entspricht nicht meinem Wesen. Gegen die Erkrankungen, von denen hier die Rede ist, kann man ohnehin nicht viel tun. Das entnehme ich allem, was ich darüber gelesen habe. Ich werde bestimmt nicht im Fernsehen auftreten und um Spenden zur Bekämpfung des Asperger-Syndroms bitten. Gibt es überhaupt noch solche ›Telethons‹? Ich hasse Jerry Lewis.«

20

Die überwiegende Zahl der Hüttenbesitzer am North Pond gelangte zu einer ganz anderen Diagnose. Knight sei nicht nur ein Einbrecher, sagten sie, sondern auch ein Schwindler.

»Der Kerl sagt auf keinen Fall die Wahrheit«, erklärte Fred King, dem einst eine Zuckerdose aus seiner Hütte entwendet worden war. Seine Freunde hatten ihn danach noch jahrelang »Zuckerdose« genannt. »Darf ich ein Schimpfwort sagen?«, fragte King, mürrisch und höflich zugleich, ein typischer Wesenszug der Leute in Maine. »Es ist verdammt noch mal scheißunmöglich, dass der Typ ein Einsiedler war. Da bin ich mir tausend Prozent sicher. Im Winter haben wir hier durchgehend Minusgrade. Ich glaube, jemand aus seiner Familie hat ihm geholfen, oder jemand anders hat ihn bei sich aufgenommen. Oder aber er hat in einer leerstehenden Hütte überwintert.«

Einige Leute konnten einfach nicht glauben, dass Knight all die Jahre kein einziges Mal zum Arzt musste. Wenn man im Wald Lebensmittel horte, gaben andere zu bedenken, locke das unweigerlich Waschbären und Kojoten an, die dann das Lager auseinandernähmen. Und wie sei es möglich, dass sich Knight nach seiner Verhaftung so gut artikulieren konnte, seine Stimmbänder noch funktionierten und er über einen so großen Wortschatz verfügte, obwohl er doch angeblich jahrelang geschwiegen hätte? Ein Anwohner wies darauf hin, dass es unweit des Eremitenlagers eine Straße namens Knight Court gebe und eine Familie selben Namens dort seit Ewigkeiten wohnte, vermutlich Verwandte von Chris. Bestimmt hätten die ihn irgendwie unterstützt. Und falls Knight tatsächlich dort draußen gehaust hätte, wäre er doch während des großen Eissturms von 1998 erfroren.

»Alles in seinem Lager hat fürchterlich gemieft«, sagte Steve Treadwell, der Angestellte des Pine Tree Camps, der bei Knights erstem Verhör und später auch beim Abbau des Lagers anwesend war. »Er selbst hat aber kein bisschen gemüffelt. Die Geschichte stinkt doch im wahrsten Sinne des Wortes zum Himmel! Der Kerl hat ganz bestimmt nicht im Wald gelebt.«

Dutzende von Leuten, die regelmäßig den Sommer am North Pond verbracht hatten, verkündeten ihre Meinung über Knight. Etwa achtzig Prozent hielten ihn für einen Lügner, eine so überwältigende Mehrheit, dass es nur eine Möglichkeit gab, Klarheit zu schaffen: ihn direkt danach zu fragen. Hatte er wirklich siebenundzwanzig Jahre allein im Wald gelebt? Oder hatte er Hilfe, hatte er die Winter in einer Hütte verbracht oder zumindest mal heiß geduscht?

Knight blieb eisern bei seiner Geschichte und wurde sogar ein bisschen wütend. Außer dieser einen Nacht während der ersten Wochen seiner Flucht habe er nie wieder in einer festen Behausung geschlafen. »Mir hat niemand, absolut niemand geholfen, kein einziges Mal.« Er habe keinen Kontakt zu seiner Familie gehabt, habe nirgendwo geduscht, in einem fremden Bett geschlafen oder auch nur für ein paar Augenblicke auf einem fremden Sofa gesessen. Nach mehr als einem Vierteljahrhundert in der freien Natur habe er im Gefängnis zum ersten Mal wieder eine richtige Toilette benutzt. Als er zur Haftanstalt gefahren worden war, hatte er zum ersten Mal wieder in einem Auto gesessen, seit er damals den Subaru stehengelassen hatte. »Ich bin ein Einbrecher, ein Dieb. Ich habe den Leuten Angst gemacht. Sie haben jedes Recht, verärgert zu sein. Aber ich habe nicht gelogen.«

Knight wirkte absolut aufrichtig, schien gar nicht fähig zur Lüge; dieser Meinung waren auch andere. Diane Vance sagte, ein Großteil ihrer Arbeit als Polizistin bestehe daraus, die Lügen zu erkennen, die die Leute ihr auftischten. Bei Knight aber hegte sie nicht den geringsten Zweifel. »Meines Erachtens ist die Sache eindeutig«, sagte sie. »Ich glaube ihm.« Sergeant Hughes teilte diese Auffassung. »Für mich steht zweifelsfrei fest, dass er all die Jahre dort draußen gelebt hat.«

Es gibt keinen einzigen Anhaltspunkt dafür, dass Knight jemals woanders übernachtet hätte als in seinem Lager, abgesehen von dem einen Mal, das er selbst zugab – und allein dieses Bekenntnis lässt sich schon als ein Zeichen seiner Ehrlichkeit werten. Er sagte, er sei nie krank geworden, weil er keinen Krankheitserregern ausgesetzt gewesen sei. Seine Vorräte hatte er in fest verschlossenen Plastikbehältern aufbewahrt, und er hatte sich kaum aus seinem Lager begeben.

Die meisten großen Tiere halten sich fern, wenn ein Mensch anwesend ist.

Als man ihn gegen Ende des Winters verhaftete, hatte er seine letzte saubere Kleidung getragen – der nächste Großwaschtag stand an. Selbst in der eisigen Kälte hatte er sich täglich mit einem Schwamm abgewaschen. Am liebsten benutzte er einen großen gelben Autowaschschwamm, falls er irgendwo einen ergattern konnte, zudem verwendete er Duschgel und Deo. Er verfügte über eine gute Artikulation, weil Stimmbänder nicht verkümmern, wenn man sie nicht gebraucht. Und sich in komplexen Sätzen zu äußern, hat nichts mit dem Mund zu tun, sondern mit dem Gehirn – und das funktionierte bei Knight tadellos, wenngleich in idiosynkratischer Weise. Dass eine Familie namens Knight in unmittelbarer Nähe wohnte, habe er nicht gewusst, und miteinander verwandt sind sie ohnehin nicht. Es ist ein weit verbreiteter Nachname in Maine.

Er wünschte, es hätte *mehr* große Eisstürme gegeben. »Eis ist ja fast noch flüssig. So kalt war es während des Sturms also gar nicht, gerade mal zwei Grad unter null. Wenn man im Auto unterwegs war, musste man höllisch aufpassen, klar. Für mich war es aber nicht weiter wild, im Gegenteil, es war hilfreich. Denn nach dem Sturm lag eine dicke Eisschicht auf dem Schnee, und ich konnte herumlaufen, ohne Spuren zu hinterlassen.«

Als man den Einheimischen mitteilte, dass Knights Geschichte zweifellos stimme, hielten sie dennoch an ihrer Meinung fest. Sie waren weiterhin davon überzeugt, dass alles ein riesengroßer Schwindel sei. Jeder, der Knight glaubte, sei ihm auf den Leim gegangen. Viele waren stinksauer. Nicht so sehr, weil er sie bestohlen hatte, sondern weil es tatsächlich Leute gab, die Knight die Geschichte abkauften. Es wollte ihnen einfach nicht in den Kopf, wie man so einen Unsinn für bare Münze nehmen konnte. Es war, als hätte Knight behauptet, er könne vom Boden abheben, wenn er mit den Armen wedelt. Die Geschichte stimmte, und gleichzeitig war sie unglaublich, eine beunruhigende Kombination.

Die Leute verloren die Fassung, weil Knights Kunststück allem widersprach, was sie als natürlich empfanden und was sie in der Schule gelernt hatten. Im zweiten Kapitel der Genesis ist Adams Alleinsein das Erste, was der himmlische Vater zu beanstanden hat. »Und Gott sprach: Es ist nicht gut, dass der Mensch allein sei.«

Einer der Gründe, warum die Zahl frommer christlicher Einsiedler seit dem 18. Jahrhundert stetig abnahm – sodass es heute so gut wie keine mehr gibt –, war ihre Furcht vor der kirchlichen Obrigkeit. Eremiten waren unbeaufsichtigte Denker, die über Leben und Tod und den Allmächtigen nachgrübelten. Viele ihrer Vorstellungen wurden von der Kirche nicht gebilligt. Der mittelalterliche Kirchenlehrer Thomas von Aquin war der Meinung, Eremiten würden den Gehorsam und die kirchliche Stabilität gefährden, und man solle diese Leute am besten ins Kloster stecken, wo sie Vorschriften und einem geregelten Tagesablauf unterworfen wären.

»Der Eremit ist zwangsläufig ein Mensch, der tut, wonach ihm der Sinn steht«, schrieb der Amerikaner Thomas Merton, ein trappistischer Mönch, der 1968 starb. »Er hat ja nichts Bestimmtes zu tun. Genau deshalb betrachtet man seine innere Berufung mit Geringschätzung und empfindet sie als Bedrohung.«

Ich begann, viele der Hüttenbesitzer – und später auch andere Leute – danach zu fragen, wie viel Zeit sie je in totaler Abgeschiedenheit verbracht hätten, ohne mit einem anderen Menschen kommuniziert zu haben, weder telefonisch noch per E-Mail oder SMS (Lesen, Radiohören oder Fernsehschauen war okay).

Neun von zehn Personen erklärten – oft nach einer kurzen nachdenklichen Pause –, niemals auch nur einen einzigen vollen Tag ohne menschliche Interaktion verbracht zu haben, höchstens mal fünf, sechs Stunden ohne Unterbrechung. Mein Vater war in seinen bisher dreiundsiebzig Lebensjahren niemals volle zwölf Stunden ohne menschlichen Kontakt. Einmal begab ich mich auf eine dreitägige Wanderung in die Wildnis, begegnete nach zwei Tagen aber zwei anderen Wanderern und unterhielt mich mit ihnen. Mein Rekord steht also bei achtundvierzig Stunden. Ein paar mir bekannte Naturfreaks brachten es auf eine ganze Woche. Jemanden zu kennen, der einen ganzen Monat geschafft hat, wäre außergewöhnlich.

Mit seinen beinah zehntausend Tagen stellt Chris Knight eine unbegreifliche Ausnahmeerscheinung dar. Seine Leistung liegt so weit jenseits aller körperlichen und seelischen

Belastungsgrenzen, dass sie unsere Vorstellung des Machbaren komplett über den Haufen wirft. Es ist wahr, Knight verbrachte jeden einzelnen dieser siebenundzwanzig Winter in freier Natur. Und was er dort draußen in der klirrenden Kälte vollbrachte, war ebenso prosaisch wie profund.

Er litt. Wenn ihm Gas und Essen ausgingen, wurde ihm oft »eisig, eisig kalt«. Es heißt, derartige Kälte lasse den Verstand erstarren, doch Knight bekam alles ganz bewusst mit. Er bezeichnete es als einen »körperlichen, emotionalen und psychischen Schmerz«. Sein Körperfett wurde von innen aufgefressen, sein Magen schrie nach Nahrung. Er spürte die Todesnähe. Und doch weigerte er sich, ein Feuer zu entzünden oder Spuren im Schnee zu hinterlassen.

In höchster Not lauschte er dem Wetterbericht im Radio und wartete auf einen aufziehenden Schneesturm. Knight wusste, in welchen der leerstehenden Hütten es vermutlich noch Vorräte gab, und mit letzter Kraft schleppte er sich durch den Wald, überquerte den gefrorenen See, brach in eine der Hütten ein und kehrte danach zu seinem Lager zurück, während der einsetzende Schneefall seine Spuren verwischte.

Es gelang ihm nicht immer, seinen Gleichmut zu bewahren. Manchmal schlängelte sich ein winziges Etwas an den versteckten Ort in seinem Bewusstsein, wo er seine Emotionen verbarg. Einmal, während um ihn herum ein heftiger Sturm tobte, wurde im Radio verkündet, dass die Schule ausfallen würde. Seine alte Highschool wurde erwähnt. Es war nur ein kurzer Augenblick im Radio, aber er löste eine

Flut von Erinnerungen aus. Knight spürte, wie es ihm vor lauter Melancholie die Brust zuschnürte. Wie hatte es nur so weit kommen können mit ihm?

Manchmal vermisste er seine Familie. »Eine präzisere Formulierung wäre, zu sagen: ›Ich habe meine Familie in unterschiedlichen Abstufungen vermisst‹«, erklärte er. Über lange Zeiträume hinweg existierte sie in seinen Gedanken so gut wie gar nicht. Dann wurde irgendeine Erinnerung ausgelöst, und plötzlich war alles wieder da. Am meisten fehlte ihm seine Schwester Susanna, die das Down-Syndrom hat. Sie war ein Jahr jünger als er und ihm altersmäßig am nächsten. »Mit ihr habe ich als Kind die meiste Zeit verbracht«, sagte er.

Es habe Zeiten gegeben, da habe er weinen müssen, gestand er, ohne nähere Einzelheiten zu nennen. Vor allem in den ersten zehn Jahren kam ihm gelegentlich der Gedanke, sein Einsiedlertum aufzugeben. Zudem hatte er für einen eventuellen Notfall eine Trillerpfeife im Zelt; falls er sich vor Schwäche einmal nicht mehr würde bewegen können, wollte er in lang gezogenen Dreierintervallen hineinblasen. Das nahe Wasser würde die hohen Pfeiftöne bis ans andere Seeufer tragen, und dann dauerte es vermutlich nicht lange, bis Rettung nahte.

Nach einer Weile jedoch beschloss er, die Trillerpfeife nicht einzusetzen. Er würde seinen Wald nicht freiwillig verlassen. Die Zivilisation war lediglich drei Minuten entfernt, aber er begab sich nur zum Stehlen dorthin. »Ich war bereit, da draußen zu sterben«, erklärte er.

21

Zahllose Dichter idealisieren das Alleinsein. »Also lass mich leben, ungesehen, unbekannt«, wünschte sich Alexander Pope. Doch weit mehr Menschen verfluchen es. Der Unterschied besteht in der Regel darin, ob man freiwillig oder gezwungenermaßen allein ist. Die Isolation ist eine der ältesten Formen der Bestrafung, die der Mensch kennt. Zu Zeiten des Römischen Reiches verbannte man missliebige Leute gern (beispielsweise den Dichter Ovid im Jahr 8 n. Chr., vermutlich wegen eines als obszön erachteten Gedichts). Auf hoher See pflegte man über Jahrhunderte hinweg die Praxis, einen Seemann, den man eines schweren Vergehens bezichtigte, auf einer unbewohnten Insel auszusetzen, oft mit einer Bibel und einer Flasche Rum. Meistens hörte man nie wieder von dem Mann. Wenn heutzutage ein Zeuge Jehovas aus seiner Glaubensgemeinschaft ausgeschlossen wird, weil er gegen die kirchliche Doktrin verstoßen hat, ist es den Mitgliedern der Organisation verboten, mit dem Sünder auch nur ein einziges Wort zu wechseln.

Abgesehen von der Todesstrafe ist die Isolationshaft die schwerste Sanktion, die der amerikanische Strafvollzug kennt. »Ganz allein zu sein, ist die Hölle auf Erden«, sagte Robert Stark, der wegen Mordes im Staatsgefängnis von Louisiana einsitzt und viele Jahre in Einzelhaft verbrachte.

Thomas Silverstein tötete 1983 einen Gefängniswärter und hockt seitdem mutterseelenallein, ohne jede menschliche Berührung, in einer Stahlbetonzelle. Es fühlt sich an, »als wäre man lebenslang lebendig begraben«, schrieb Silverstein.

Todd Ashker, den man rund fünfundzwanzig Jahre in einer fensterlosen Hochsicherheitszelle isolierte, beschrieb diese Zeit so, »als würde man pausenlos einen stummen Schrei ausstoßen«. John Catanzarite verbrachte in einem kalifornischen Gefängnis fast vierzehn Jahre in Einzelhaft und sagte, er sei froh gewesen, als er den Verstand zu verlieren begann, weil es ihn womöglich von der schrecklichen Realität erlösen würde.

Nach zehn Jahren in Einzelhaft zeigen Sträflinge eindeutige Zeichen einer geistigen Schädigung. Einer Studie zufolge entwickelt sich bei etwa einem Drittel dieser Personen eine aktive Psychose. Es gibt mindestens achtzigtausend jener Gefängnisinsassen in den USA. Die Vereinten Nationen bezeichnen eine Isolationshaft, die länger als fünfzehn Tage dauert, als grausame, unmenschliche Strafe.

»Von anderen Menschen abgesondert zu werden ist entsetzlich«, schrieb US-Senator John McCain, der über fünf Jahre in vietnamesischer Gefangenschaft verbrachte, davon zwei Jahre in Einzelhaft. »Es zerschmettert die Seele«, fügte McCain an. »Man verfällt augenblicklich in tiefste Verzweiflung.« Einer Studie der Universität von Virginia zufolge würde die überwiegende Mehrheit der befragten Männer und fünfundzwanzig Prozent der Frauen sich lieber leichte Elektroschocks versetzen lassen, als eine Viertelstunde lang still und allein mit ihren Gedanken dazusitzen. »Der Geist mag es nicht, mit sich allein zu sein«, schlussfolgerten die Autoren, außer man sei geübt in Meditation. Terry Anderson, der 1985 im Libanon entführt und sechs Jahre allein gefangen gehalten worden war, sagte: »Ich hätte lieber den schlimmstmöglichen Menschen um mich als überhaupt keinen.«

Viele Evolutionsbiologen nehmen an, der frühe Mensch sei, obwohl ständig von stärkeren und schnelleren Tieren bedroht, vor allem wegen seiner Fähigkeit zur Zusammenarbeit so erfolgreich gewesen. Das menschliche Gehirn ist naturgemäß ein Teamplayer – auf Kernspinaufnahmen erkennt man, dass die neuronalen Bereiche, die uns körperlichen Schmerz spüren lassen, auch dann aktiviert werden, wenn man eine soziale Kränkung erlebt, etwa wenn man aus einer Gruppe ausgegrenzt oder auf dem Spielplatz als Letzter ausgewählt wird.

Der Psychologieprofessor Harry Harlow von der Universität in Wisconsin führte in den fünfziger Jahren eine Versuchsreihe durch, der zufolge junge Rhesusaffen, die man für drei Monate von ihren Artgenossen isolierte, lebenslange Verhaltensstörungen davontragen konnten. Hirnscans von Kriegsgefangenen im früheren Jugoslawien belegten, dass der Mensch ohne kontinuierliche soziale Interaktion ähnliche Hirnschäden erleiden kann wie nach einem heftigen Schlag. Bei seiner Gefangennahme hatte John McCain zwei gebrochene Arme und eine Beinfraktur, und später entwickelte er eine chronische Dysenterie, doch der Schmerz der Einsamkeit sei schlimmer gewesen, erklärte er.

Unsere angeborene und umweltbedingte Neigung zur Geselligkeit führte womöglich überhaupt erst dazu, dass unser Gehirn so groß wurde. »Soziale Hinweise zu verstehen und zu interpretieren, ist für jeden von uns zu jedem gegebenen Zeitpunkt eine anspruchsvolle, kognitiv komplexe Aktivität«, schrieb der Neurowissenschaftler John Cacioppo. Höchstwahrscheinlich beruhte die Erweiterung der Großhirnrinde und die daraus resultierende Dominanz des Menschen auf dem Umstand, dass wir unser Freund-Feind-Bild fortwährend neu zu bewerten hatten, dass wir lernen mussten, zu verhandeln, zu schmeicheln und zu täuschen und zum Wohl der Gruppe zu handeln, selbst wenn es nicht in unserem unmittelbaren Selbstinteresse lag.

Des Weiteren selektiert die Evolution Gene, die Wohlbefinden und das Gefühl von Sicherheit auslösen, wenn man sich in Gesellschaft befindet, und Unbehagen und Angst, wenn man allein ist. Unfreiwillige Einsamkeit macht krank – soziale Isolation ist ein Risikofaktor für die Gesundheit und kann, genau wie Bluthochdruck, Fettleibigkeit und Rauchen, zu einem verfrühten Tod führen. »Um Glücksgefühle empfinden zu können, muss der Mensch Verbundenheit spüren«, schrieb Cacioppo. »Unsere Hirne und Körper sind zur Gruppenarbeit erschaffen, nicht zum Alleinsein.«

Verbundenheit und Zusammenarbeit sind nicht nur für den Menschen von größter Wichtigkeit; auch in der Tierwelt, selbst bei den ältesten Lebensformen, sind diese Merkmale bedeutsam. Bei Tieren gibt es Völker, Schwärme, Herden, Rudel, Scharen, Rotten, Banden. Es gibt auch einsame

Wölfe und allein lebende Affen und sogar eremitenartige Wespen, aber es sind Ausnahmen von der im Tierreich gültigen Regel. Selbst Salmonellen arbeiten zusammen und sondern signalgebende Moleküle ab, sobald der günstigste Moment gekommen ist, um einen Wirt zu attackieren. Wenn ein Kleinkind acht Monate alt ist, hat es längst eine Verbundenheit zu anderen Menschen entwickelt. Es sind allein Knight und seine historischen Einsiedlerkollegen, die rätselhafte Anomalien darstellen.

Nach seiner Verhaftung und Inhaftierung war Knight ganz versessen darauf, eine Einzelzelle zu erhalten. »Ich wünsche und hoffe darauf, ich fantasiere davon«, schrieb er in einem seiner Briefe. »Ich muss lachen bei dem Gedanken, dass man es für eine zusätzliche Bestrafung halten würde.« Wenn, dann lachte er aber nur still in sich hinein. Niemand sollte ihn lachen hören oder sehen, wie er vor sich hin grinste, wenn ihm ein komischer Gedanke kam. Er fürchtete, man würde es nur als weiteren Beleg für seine vermeintliche Verrücktheit betrachten.

In den ersten Monaten teilte Knight seine Zelle mit einem Mithäftling, mit dem er kaum ein Wort wechselte. Als man ihn schließlich in eine Einzelzelle verlegte, konnte er sein Glück kaum fassen.

Isolation ist oftmals eine Grundvoraussetzung dafür, Großes zu erschaffen, aber sie hat einen extrem negativen Einfluss auf unsere Gesundheit. Es gibt kaum etwas, das sich derart gegensätzlich auf uns auswirkt, wenngleich Genie und Wahnsinn häufig nah beieinanderliegen. Selbst freiwillig erwählte Einsamkeit kann zuweilen dazu führen, dass ein Mensch verrückt wird.

Im Jahr 1988 stellte sich eine Höhlenforscherin namens Véronique Le Guen freiwillig für ein extremes Experiment zur Verfügung: Sie wollte in Südfrankreich hundertelf Tage ohne Uhr in einer unterirdischen Höhle verbringen, überwacht von Wissenschaftlern, die den Biorhythmus des menschlichen Körpers untersuchten, wenn dieser keinerlei Hinweis auf die Tageszeit erhält. Nach einer Weile verfiel Le Guen in ein Muster von dreißig Wachstunden und zwanzig Stunden Schlaf. Sie beschrieb ihren Zustand als »psychisch unkoordiniert, ich habe meine Wertvorstellungen und den Zweck meines Daseins vergessen«.

Nach ihrer Rückkehr schien sie eine große innere Leere zu spüren, die sie, wie ihr Mann schilderte, nur schwer in Worte zu fassen vermochte. »Während ich allein in meiner Höhle hockte, war ich mein eigener Richter«, sagte sie. »Über sich selbst urteilt man am härtesten. Man darf niemals lügen, denn sonst ist alles verloren. Die wichtigste Erkenntnis, die ich aus der Höhle mitgebracht habe, ist, dass ich nie eine Lüge tolerieren werde.« Nach etwas über einem Jahr setzte Véronique Le Guen sich in Paris in ihr Auto und schluckte eine Überdosis Schlafmittel, ein Suizid mit dreiunddreißig Jahren. »Bei dem Experiment hat von vornherein das Risiko bestanden, verrückt zu werden«, hatte sie zwei Tage zuvor in einem Radiointerview gesagt.

Die erste *Golden-Globe*-Weltumseglung – ein Wettkampf für Einhandsegler – fand 1968 statt. Der Franzose Bernard

Moitessier stand kurz vor dem Sieg, als ihm klar wurde, wie sehr er es genoss, allein auf seinem Boot zu sein. Er fürchtete die Rückkehr in die tumultuarische Zivilisation. Nach sieben Monaten stieg er aus dem Rennen aus und segelte ein zweites Mal beinah um die ganze Welt. Er empfand es als persönlichen Sieg, der für ihn viel bedeutsamer war als jede Trophäe. »Ich bin frei, frei wie nie zuvor«, schrieb er.

Ein anderer Teilnehmer des Rennens hingegen, der Brite Donald Crowhurst, verfiel zunehmend in Depressionen und begann, über Funk falsche Positionen durchzugeben. Schließlich zog er sich in seine Kabine zurück und verfasste ein langes halluzinatorisches Traktat. Dann sprang er über Bord. Sein Leichnam wurde nie gefunden. »Es ist geschafft. Es ist geschafft. Es ist die Gnade«, lauteten einige seiner letzten geschriebenen Worte.

Dieselbe Einsamkeit, und zwar die der gewaltigen Leere des Ozeans, weckte Hochgefühle in Moitessier, während sie Crowhurst in den Wahnsinn trieb. Knight schien etwas von beiden Seglern in sich zu haben – eine dunkle und eine helle Seite, ein Yin des Winters, ein Yang des Sommers. »Schmerz und Wohlbefinden«, nannte er es. Beides sei gleich wichtig, glaubte er, das eine könne nicht ohne das andere existieren. »Leid ist Teil des Lebens«, schrieb Robert Kull, der 2001 ein Jahr lang mutterseelenallein auf einer patagonischen Insel lebte. »Wenn man zu sehr versucht, Leid zu vermeiden, meidet man letztlich das Leben an sich.« Im *Tao Te King* heißt es: »Leid harrt im Glück.«

»Der Mensch ist zuweilen mit inbrünstiger Leidenschaft

vernarrt in sein Leid«, schrieb Dostojewski in den *Aufzeichnungen aus dem Kellerloch.* »Leid ist der alleinige Ursprung des Bewusstseins.«

Jill Hooley – die Harvard-Professorin, die bei Knight Züge einer schizoiden Persönlichkeitsstörung erkannt zu haben glaubte – merkte an, dass körperliches und seelisches Leid der Preis gewesen sei, den Knight dafür gezahlt habe, im Wald bleiben zu können. Ihn hätten Hunger und Kälte gequält, Angst bei den Einbrüchen, dazu die Schuldgefühle, die dem Wissen entsprangen, etwas Falsches zu tun. In jedem Winter habe er sich in akuter Lebensgefahr befunden. »Es war ein unfassbar hoher Preis«, sagte Hooley, »aber er war gewillt, ihn zu zahlen.« Wie schlimm seine Lage auch gewesen sein mochte, er hatte sie präferiert, statt in die Zivilisation zurückzukehren. Knight habe offenbar einen gewaltigen psychologischen Gewinn darin gesehen, sich der Welt entzogen zu haben, schlussfolgerte die Professorin.

Knight sagte, viele seiner schönsten und seiner schlimmsten Erlebnisse hätten nah beieinandergelegen. So habe im tiefsten Winter nicht nur arktische Kälte im Wald geherrscht, sondern eben auch arktische Stille – und nach jener habe er sich verzehrt.

»Das fehlt mir am meisten«, sagte er, »die absolute Reglosigkeit des Waldes, die Totenstille.« Und um diese erleben zu können, in einem vereisten Wald, in dem die Tierwelt ihren Winterschlaf hielt, hatte er sich selbst in unmittelbare Todesnähe begeben müssen.

Erst wenn er das Zwitschern der Meisen vernahm – die

Meise ist Maines Staatsvogel –, wusste er, dass der Winter seinen Klammergriff bald lösen würde, »dass das Ende nahte«. Es sei ein bedeutungsschweres Gefühl gewesen, sagte er. Für ihn kam es einer Jubelfeier gleich. Auf den kahlen Ästen saßen plötzlich die kleinen schwarzköpfigen Vögel und trällerten fröhlich ihre Lieder, und für Knight klang es wie die Hymne des Überlebens, wie ein Lobgesang vom Ende seines monatelangen Leids. Er war stolz, wenn er noch ein Gramm Fett am Körper hatte. Meistens war es nicht der Fall. Knight sagte: »Nach einem harten Winter hatte ich nur einen einzigen Gedanken im Kopf: Ich habe überlebt.«

22

Der Schnee schmolz, die Blumen erblühten, Insekten schwirrten, das Wild bekam Junge. Jahre verrannen wie Minuten. »Ich habe mein Zeitgefühl verloren«, sagte Knight. »Jahre hatten keine Bedeutung für mich. Ich maß die Zeit nach den Jahreszeiten und nach dem Mond. Der Mond war der Minutenzeiger, die Jahreszeit der Stundenzeiger.« Es donnerte, Enten stiegen in die Luft, Eichhörnchen sammelten Vorräte, es begann zu schneien.

Knight sagte, er könne nicht akkurat wiedergeben, wie es sich anfühle, einen so immensen Zeitraum allein mit sich selbst zu verbringen. Schweigen lasse sich nicht in Worte übertragen. Und er fürchte, wie ein Narr zu klingen, falls er es dennoch versuchte. »Oder schlimmer noch, es könnte klingen, als würde ich Scheinweisheiten von mir geben oder kleine Sinnsprüche.« Der trappistische Mönch Thomas Merton schrieb, nichts lasse sich über die Einsamkeit sagen, was nicht längst vom Wind in den Bäumen viel besser gesagt worden sei.

Was ihm im Wald widerfahren war, erklärte Knight, sei unerklärbar. Aber er willigte ein, seine Furcht vor Scheinweisheiten oder Sinnsprüchen zurückzustellen und es zu versuchen. »Es ist kompliziert«, sagte er. »Einsamkeit bringt einen Zuwachs an etwas Kostbarem. Diesen Gedanken kann ich nicht verleugnen. Das Alleinsein hat mein Erkenntnisvermögen gesteigert. Aber die Sache hat einen Haken: Als ich mein gesteigertes Erkenntnisvermögen auf mich selbst gerichtet habe, ist mir meine Identität abhandengekommen. Es gab kein Publikum, niemanden, vor dem ich mich hätte produzieren können. Es bestand keine Notwendigkeit, mich zu definieren. Ich wurde bedeutungslos.«

Die Trennlinie zwischen sich selbst und dem Wald habe sich wohl aufzulösen begonnen, sagte Knight. Seine Isolation sei ihm eher wie eine Kommunion vorgekommen. »Alle Begierden sind von mir abgefallen. Ich habe mich nach nichts gesehnt. Ich hatte nicht einmal mehr einen Namen. Anders gesagt: Ich war vollkommen frei.«

So gut wie jeder, der über das Leben in totaler Einsamkeit schrieb, brachte mit anderen Formulierungen dasselbe zum Ausdruck. Wenn man allein ist, beginnt das Empfinden für Zeit und Raum zu verschwimmen. »So verändern sich für den, der einsam wird, alle Entfernungen, alle Maße«, schrieb Rainer Maria Rilke. Diese Wahrnehmung wurde von den Asketen des frühen Christentums beschrieben, von buddhistischen Mönchen, von Transzendentalisten und Schamanen, von russischen Starzen und japanischen Hijiri, von Solo-Abenteurern und von den amerikanischen Ureinwohnern wie auch den Inuit, die von ihren Visionssuchen berichteten.

»Ich werde zu einem durchsichtigen Augapfel«, schrieb Ralph Waldo Emerson in *Natur*. »Ich bin nichts; ich sehe alles.« Lord Byron nannte es das »Unendlichkeitsgefühl«.

Bei Jack Kerouac ist es »der Geist der Unendlichkeit«. Der französische Priester, Mönch und Eremit Charles de Foucauld, der fünfzehn Jahre in der Sahara gelebt hatte, sagte, bei einem Dasein in völliger Einsamkeit »entleert man zur Gänze das kleine Haus der eigenen Seele«. Merton schrieb, der wahre Einsiedler suche nicht sich selbst, sondern er verliere sich selbst.

Genau diesen Verlust des Selbst hatte Knight im Wald erlebt. In der Öffentlichkeit trägt man immer eine soziale Maske, man präsentiert sich der Welt. Selbst wenn man allein ist und in den Spiegel schaut, ist es ein Akt der Schauspielerei, und eben deshalb gab es in Knights Lager keinen Spiegel. Er ließ alle Strategeme hinter sich. Er wurde niemand und jeder zugleich.

Die Vergangenheit, das Land der Wehmut, und die Zukunft, der Ort der Sehnsucht, lösten sich auf. Knight lebte – mit kurzen Ausnahmen – ausschließlich im Hier und Jetzt. Es war ihm egal, wenn die Leute nicht verstanden, was er im Wald tat. Er tat es nicht, damit wir es begreifen. Er versuchte nicht, etwas zu beweisen. Es gab nichts zu beweisen. »Man ist einfach da«, sagte Knight. »Man *ist*.«

Tenzin Palmo, in der Nähe von London als Diane Perry geboren, war erst die zweite Frau aus dem Westen, die eine tibetisch-buddhistische Nonne wurde. Nach wie vor preist man im Buddhismus lange Phasen der inneren Einkehr, und der gegenwärtige Dalai Lama schrieb, dass ein Leben in völliger Abgeschiedenheit »die höchste Form der spirituellen Praxis« sei. Palmo fühlte sich davon extrem angesprochen.

1976, im Alter von dreiunddreißig Jahren, zog sie in eine entlegene Höhle im nordindischen Himalaja. Sie aß nur eine Mahlzeit am Tag – man brachte ihr regelmäßig Nahrungsmittel – und überstand viele harsche Hochgebirgswinter, die meiste Zeit in tiefer Meditation. Einmal blockierte ein siebentägiger Schneesturm den Höhleneingang, sodass ihr der Erstickungstod drohte.

Palmo verbrachte zwölf Jahre in der Höhle. Sie legte sich niemals hin, schlief in einem kleinen hölzernen Meditationskasten im Sitzen. Ihr Leben in völliger Abgeschiedenheit sei »das Einfachste der Welt« gewesen. Kein einziges Mal wünschte sie sich an einen anderen Ort. Sie überwand die Angst vor dem Tod, erklärte sie, und fühlte sich befreit. »Je mehr man versteht, desto mehr versteht man, dass es nichts zu verstehen gibt«, sagte sie. »Die Vorstellung, uns irgendwohin begeben zu müssen, etwas erreichen zu müssen, ist unser grundlegender Irrtum.«

Der britische Naturalist Richard Jefferies verbrachte einen Großteil seines kurzen Lebens – er starb 1887 mit achtunddreißig Jahren an Tuberkulose – auf Wanderschaft in den Wäldern Englands. Einige seiner Vorstellungen gleichen denen des Einsiedlers Knight. In seiner Autobiografie *The Story of My Heart* schrieb Jefferies, die gängige Art der Lebensführung, geprägt von harter Arbeit und endlosen Pflichten und fortwährender Routine, lasse »eine Mauer um unsere Seele entstehen«. Wir würden unsere gesamte Lebenszeit damit verschwenden, im Kreis zu laufen, so Jefferies, »wie ein Pferd, das an einen in den Boden gerammten Eisenpfahl angebunden ist«. Die reichste Person sei diejenige, die am wenigsten arbeite. »Müßiggang«, schrieb Jefferies, »ist ein großartiges Gut.«

Auf Jefferies ebenso wie auf Knight übte der Wunsch, allein zu sein, eine unglaubliche Anziehungskraft aus. »Mein Geist forderte ein Leben abseits von allen anderen Dingen«, schrieb Jefferies. In der Abgeschiedenheit könne er sich Gedanken widmen, die es ihm erlaubten, »höher emporzusteigen als ein Gott, tiefer zu gehen als in einem Gebet«. Es gebe nichts Großartigeres, als »barhäuptig vor der Sonne zu stehen in Gegenwart von Luft und Erde, in Gegenwart der immensen Kräfte des Universums«.

Aber das Leben in totaler Einsamkeit ist ein zweischneidiges Schwert. Für Menschen, die unfreiwillig allein sind – Inhaftierte und Geiseln –, kann der Verlust der sozialen Identität wie gesagt verheerend sein, eine Fahrkarte in den Wahnsinn. Psychologen bezeichnen es als »ontologische Verunsicherung«, wenn man den Zugriff darauf verliert, wer man ist. In Edward Abbeys *Die Einsamkeit der Wüste*, einer Chronik seiner beiden sechsmonatigen Aufenthalte als Ranger im Arches-Nationalpark im Bundesstaat Utah, heißt es, lange Zeit ganz allein zu sein und im Einklang mit der Natur zu leben bedeute, alles Menschliche zu riskieren. Wer sich davor fürchte, werde statt einer beglückenden, zuweilen aufwühlenden Einsamkeit nur den Schmerz der sozialen Isolation spüren.

»Ich bin nie einsam gewesen«, sagte Knight. Seine eigene Gegenwart habe ihm vollauf genügt, die Abwesenheit anderer Personen habe er nie als Mangel empfunden. Sein bewusstes Denken sei zuweilen durch ein beruhigendes inneres Summen ersetzt worden. »Hat man einmal Geschmack an der Einsamkeit gefunden, kommt man gar nicht mehr auf den Gedanken, dass man allein ist«, sagte er. »Wenn einem die Einsamkeit gefällt, ist man nie allein. Ergibt das einen Sinn? Oder ist das jetzt eine dumme kleine Möchtegernweisheit, die ich hier von mir gebe?«

Im Versuch, ein empirisches Verständnis für das Dasein als Einsiedler zu erlangen, untersuchte ein Kognitionsneurologe der New York University über zwanzig buddhistische Mönche und Nonnen im Kernspintomografen. Beobachtet werden sollte die Blutzirkulation im Hirn während der Meditation. Andere Neurologen führten ähnliche Studien durch. Noch gibt es keine endgültigen Erkenntnisse, aber die Hirnaktivität scheint sich während einer freiwillig erwählten Stillephase – anders, als während man schläft – nicht zu verringern. Das Hirn bleibt aktiv wie immer. Nur ändert sich der *Ort* der Aktivität.

Das Sprach- und Hörzentrum befindet sich in der Großhirnrinde, jener gefalteten grauen, wenige Millimeter dicken Substanz, die das Großhirn umgibt wie eine Lage aus zusammengeknülltem Einpackpapier. Wenn man Stille erlebt, kommt die Aktivität in der Großhirnrinde mehr oder weniger zum Erliegen. Stattdessen scheinen tiefer liegende, ältere Hirnstrukturen aktiviert zu werden, die subkortikalen Regionen. Personen, die ein hektisches, lärmerfülltes Leben führen, erhalten kaum Zugang zu diesen Bereichen. Stille ist aber offenbar nicht die Abwesenheit von Klang. Es ist eine gänzlich andere Welt, die im wahrsten Wortsinn einen tieferen Grad des Denkens ermöglicht, eine Reise zu den Grundfesten des Selbst.

Während er in der Besuchskabine des Gefängnisses mit hängenden Schultern auf dem Hocker saß, wirkte Knight sehr in sich gekehrt. Ich fragte mich, ob er trotz seiner Abneigung gegen das Verkünden von Weisheiten gewillt wäre, mir mehr über die Erkenntnisse zu verraten, die er während seines Waldlebens erlangt hatte. Über die Jahrtausende wandten Menschen sich immer wieder mit dieser Bitte an Eremiten, begierig darauf, jemanden zu konsultieren, der ein gänzlich anderes Leben führte als sie selbst. James Joyce schrieb im *Porträt des Künstlers als junger Mann,* ein Einsiedler sei dazu imstande, in das »wilde Herz des Lebens« vorzustoßen.

Zumeist antworteten die Eremiten ausweichend. Auf die Frage, zu welchem Schluss sie nach einem Dutzend Jahren in der Höhle gelangt sei, sagte Tenzin Palmo nur: »Nun, es war nicht langweilig.« Ralph Waldo Emerson schrieb, wer am meisten denke, spreche am wenigsten. Im *Tao Te King* heißt es: »Die Wissenden reden nicht. Die Redenden wissen nicht.« In Douglas Adams' *Per Anhalter durch die Galaxis* überlegte der Supercomputer Deep Thought siebeneinhalb Millionen Jahre, bis er verkündete, die Antwort auf die Frage nach dem Sinn des Lebens laute 42.

Ich fand, nun war ich dran mit meiner Frage. Ob ihm in der Wildnis eine große erhellende Erkenntnis offenbart worden sei, wollte ich von Knight wissen. Es war mir ernst mit der Frage. Tiefgründige Wahrheiten, zumindest jene, welche die scheinbare Zufälligkeit des Lebens zu erklären suchten, entzogen sich immer meinem Verständnis. Knights Unterfangen besaß große Ähnlichkeit mit dem, was Thoreau einst getan hatte – genau genommen mag diese Ähnlichkeit der beiden Männer der Grund für Knights Abneigung gegenüber Thoreau sein. Letzterer schrieb in seinem Klassiker, er habe das Dasein auf seine grundlegenden Elemente reduziert, damit er »tief leben, alles Mark des Lebens aussaugen« könne.

Ich dachte, vielleicht würde Knight über das Mark sprechen.

Er saß ganz still da. Ihm war nicht anzusehen, ob er nachdachte oder wütend war. Vielleicht war beides der Fall. Aber schließlich setzte er zu einer Antwort an. Es kam mir vor, als würde ein großer Mystiker mir sogleich den Sinn des Lebens verkünden.

»Man braucht ausreichend Schlaf«, erklärte er.

Er reckte das Kinn vor in einer Weise, die vermittelte, dass er nichts weiter sagen würde. Dies war die Antwort auf meine Frage. Ich gab mich damit zufrieden.

23

Ob ihm das Verrinnen der Zeit bewusst war oder nicht, Knight war dennoch ihren Regeln unterworfen. Er wurde älter. Seine Überlebenstechniken funktionierten hervorragend, alles lief effizient, doch wie bei einem Hochleistungssportler, mit dem es bergab geht, schwanden auch ihm die Kräfte. Jahrelang hatte er auf dem Rücken zwei Gasbehälter heranschleppen können. Irgendwann schaffte er nur noch einen.

Seine Sehschwäche war eine ständige Sorge. Seit seiner Jugend litt er an Kurzsichtigkeit, und er wachte mit Argusaugen über seine Brille. »Hätte ich sie in den ersten Jahren versehentlich kaputt gemacht, wäre es aus gewesen mit mir«, sagte er. »Auch sonst habe ich höllisch aufgepasst, mich nicht zu verletzen.« In der ihm typischen trockenen Art, mit der er einen Scherz verpackte, fügte er an: »Saltoschlagen über einen Fels, so was fiel aus.«

Irgendwann reichte seine Brillenstärke nicht mehr. Alles, was weiter als eine Armlänge entfernt war, erkannte er nur noch verschwommen. Wenn er bei einem Einbruch eine herumliegende Brille entdeckte, probierte er sie aus, doch er fand nie eine mit den passenden Werten. Er hatte sich immer schon mehr auf seine Ohren als auf seine Augen verlassen, und als er trotz Brille nicht mehr besonders gut sehen konnte, war es nicht das erwartete Drama. Er befand sich auf heimischem Territorium. »Setzen Sie zu Hause Ihre Brille auf? Nein. Ich auch nicht.«

Die meisten historischen Eremiten, besonders die säkularen, wurden nicht in der Einsamkeit alt. Wenn sie sich aus der Welt zurückzogen, waren sie in der Regel schon älter und verfügten über Lebenserfahrung und Weisheit. Knight verschwand mit zwanzig und erhielt von niemandem Führung oder Anleitung. Er wandte sich an keinen Älteren zwecks Rat. Er war König und Hausmeister seines kleinen Reichs, und der Rest der Welt konnte ihm nichts beibringen, glaubte er, hatte ihm nichts zu bieten, was ihn zum Staunen bringen würde. Seine Entscheidungen waren ganz und gar die seinen.

Er hatte ein Studium geopfert, eine Kariere, Frau, Kinder, Freunde, Urlaube, Autos, Spielfilme, Sex, Handys und Computer. Er hatte noch nie eine E-Mail geschrieben, nie im Internet gesurft. Seine Meilensteine waren weniger bedeutsam. Irgendwann trank Knight statt Kaffee nur noch Tee und merkte, dass klassische Musik beruhigender ist als Hardrock. Sein Pilz-Haustier wuchs. Die kleinen Videospielgeräte, die er stahl, wurden kleiner und besser. Trotz seiner schlechten Augen wusste er, wenn die Weißkopfseeadler, die in seinem Wald nisteten, Nachwuchs bekommen hatten. Sein Alkoholkonsum stieg.

Einige Male stürzte er, brach sich aber nie etwas. Einmal rutschte er auf dem Eis aus und verstauchte sich den linken Arm. Über einen Monat konnte er keinen Becher heben, doch es war seine schlimmste Verletzung. Als er älter wurde, brauchten die Kratzer, die er sich dauernd an den Händen und Handgelenken zuzog, länger, um zu verheilen. Und er hatte ständig Zahnschmerzen.

Fragen drängten sich ihm auf. Machte ihn all der Zucker, den er verzehrte, zum Diabetiker? Er dachte über Krebs nach, über einen möglichen Herzinfarkt. Doch er zog es nie in Betracht, sich bei einem Arzt durchchecken zu lassen. Bekanntermaßen akzeptierte er seine Sterblichkeit.

Seine Einbrüche wurden schwieriger, die Besitzer verstärkten die Sicherheitsvorkehrungen. Es gab bessere Schlösser, und die Alarmanlagen waren um einiges komplexer als alles, was Knight während seines kurzen Ausflugs ins Berufsleben kennengelernt hatte. Viele hatten winzige Überwachungskameras installiert, und sie lahmzulegen war kompliziert.

Und trotz seiner extremen Vorsicht bei den Einbrüchen – die Hauptregel war, nie in eine bewohnte Hütte einzusteigen – begann ihn das Gesetz der großen Zahlen einzuholen. Irgendwann kam es zu einer »Anomalie«, wie er es ausdrückte. Oder vielleicht wurde er nach Hunderten von erfolgreichen Einbrüchen einfach nur nachlässig oder zu selbstsicher.

An einem Sommerabend im Jahr 2012, es war Mitte der Woche, beschloss Kyle McDougle, dessen Familie seit Generationen ein Grundstück am North Pond besitzt, allein in der Familienhütte zu übernachten. McDougle war damals zwanzig und hatte zeit seines Lebens die Geschichten vom

Eremiten gehört. Vor allem sein Großvater hatte sie ihm gern erzählt. McDougle arbeitete bei einem Glasfaserunternehmen und war im Firmentruck gekommen, der sich als zu breit für die schmalen Wege erwies. Deshalb ließ er das Fahrzeug in einiger Entfernung von der Blockhütte stehen. Es sei das einzige Mal gewesen, sagte er, dass er nicht in der Zufahrt zur Hütte geparkt habe. Auf dem Dachboden kroch er in den Schlafsack.

»Ich wache auf und höre jemanden auf der Treppe, sehe ein Taschenlampenlicht«, erinnerte sich McDougle. Er rief eine Begrüßung und erhielt keine Antwort. Sofort wurde ihm klar, dass es niemand aus der Familie war, der da mitten in der Nacht aufkreuzte. »Ich hatte keine Taschenlampe, kein Messer, keine Pistole und saß oben in der Falle. Mir blieb nichts anderes übrig, als dem Eindringling Angst einzujagen. Ich brüllte aus voller Kehle: ›Verpiss dich, und zwar auf der Stelle!‹, gefolgt von ein paar Schimpfwörtern.« Der Kerl habe sofort den Rückzug angetreten, sei lautstark die Treppe hinuntergepoltert – »Es machte ›beng, beng, beng, beng, beng‹«, sagte McDougle – und aus der Hütte geflohen.

McDougle bekam den Eindringling nicht zu Gesicht, sah aber, dass an einem der Fenster das Fliegengitter herausgenommen worden war und an der Wand lehnte. »Ich hatte eine Heidenangst. Ich habe die Polizei geholt, aber was sollte die groß machen?«

Der Vorfall tat Knight schrecklich leid. »Ich hasse den Gedanken, dem Mann solche Angst eingejagt zu haben«, sagte er. »Ist mir ziemlich unangenehm.«

Während Knight älter wurde, stieg die Zahl der Anwohner am North Pond allmählich. Jedes Jahr kamen ein paar neue Hütten hinzu, andere wurden erweitert, Familien wurden größer, die Zahl der Leute im Wald wuchs. Aufmerksam lauschte Knight nach ungewöhnlichen Geräuschen. Ab und an hörte er einen Wanderer, allerdings stets in einiger Entfernung vom Lager. Und wenn er selbst im Wald unterwegs war und tatsächlich die Anwesenheit einer anderen Person registrierte, blieb ihm immer genügend Zeit, um sich lautlos auf und davon zu machen.

Mit einer Ausnahme. Es war tagsüber, irgendwann in den neunziger Jahren, noch bevor er sich darauf verlegt hatte, fast ausschließlich nachts unterwegs zu sein und die Pfade zu meiden. Er spazierte auf einem dieser kaum benutzten Waldwege und ging um eine Biegung, als plötzlich, ohne Vorwarnung, jemand vor ihm stand. Knight kann den Wanderer nicht beschreiben – er hat ihn nicht angesehen. Er versuchte, eine nonchalante Miene aufzusetzen, fühlte sich aber panisch. Keiner der beiden Männer blieb stehen. Knight sagte: »Hi«, der andere Mann sagte: »Hi«, dann trennten sich die Wege der beiden wieder.

Es blieb seine einzige Begegnung für mehr als zwanzig Jahre. Dann, an einem kalten Wintertag, hörte er eine Gruppe von Leuten, die sich durch den verschneiten Wald kämpften. Die Schritte wurden lauter, näherten sich dem Lager. Zweige knackten. Knight wurde immer nervöser und beschloss schließlich, das Lager zu verlassen und sich der Situation zu stellen. Er wollte nicht gesehen werden, aber noch viel weniger wollte er, dass irgendwer zufällig auf sein Zuhause stieß.

Er schlich sich lautlos an, und da waren sie und schnauften die eisige Luft. Drei Männer, drei Generationen aus einer Familie – Vater, Sohn, Großvater –, stapften frohgemut durch den Wald, nachdem sie den ganzen Tag mit Eisfischen verbracht hatten. Er duckte sich, aber es war zu spät. Sie hatten ihn bemerkt. Einer der Männer habe »Hey!« gerufen, so Knight.

Er erhob sich. Er trug eine schwarze Skimütze und eine blaue Jacke über einem Kapuzensweatshirt und war frisch rasiert. Der Vater, Roger Bellavance, hob die Hände, in einer hielt er ein Fernglas und demonstrierte so, dass er keine Waffe hatte. Knight zog seinerseits die Hände aus den Taschen und zeigte, dass auch er unbewaffnet war. »Ich wollte vermitteln, dass ich harmlos war, keine Bedrohung, dass ich nichts außer meinen Händen hatte. Ich bin nicht näher an sie herangegangen.« Knight beharrt darauf, kein Wort gesprochen zu haben. »Es war nonverbale Kommunikation« – aber die Bellavances haben es anders in Erinnerung.

Der Großvater, Tony Bellavance, wusste sofort, dass sie dem Eremiten vom North Pond begegnet waren. Er kannte die Legende, wusste von den unzähligen Einbrüchen. Doch als er den Mann leibhaftig vor sich stehen sah, überfiel ihn eine klare Erkenntnis, was zu tun war.

»Er sagte, wir sollen den Mann in Frieden lassen«, erinnerte sich der Vater. »Dass er niemandem wehtut. Dass es einen Grund dafür gibt, warum er hier oben lebt, nämlich dass er mit den Menschen nichts zu tun haben möchte. Mein Vater ist ein kleiner Franzose mit einem großen Herz. Er fand, wir sollten ihn einfach gehen lassen.« Vater und Sohn wollten sich dem Wunsch des Großvaters nicht widersetzen und willigten ein.

Die drei Männer versprachen dem Eremiten in einer kurzen Ansprache, dass sie ihn in Ruhe lassen würden. »Wir haben einen Schwur geleistet«, sagte der Großvater. »Wir haben ihm geschworen, dass wir nie ein einziges Wort darüber verlieren würden.«

Der Eremit nickte. Dann, die Arme ausgestreckt, als wollte er einen Strandball fangen, verneigte er sich vor den drei Männern. »Ich weiß nicht, warum ich es getan habe«, sagte Knight. »Vermutlich um ihnen meine Dankbarkeit zum Ausdruck zu bringen.« Die ganze Begegnung dauerte kaum zwei Minuten.

Die Eisfischer hielten ihr Versprechen, wenngleich Roger, der Vater, es seiner Frau erzählte, die ihm aber nicht so recht glauben wollte. Sie hatten kein Foto gemacht, kein Video. Roger sagte, später hätte er sich einige Male versucht gefühlt, in den Wald zurückzukehren und zu probieren, mit dem Einsiedler ins Gespräch zu kommen. Doch er respektierte Knights Privatsphäre. Die Männer sagten nichts bis nach Knights Verhaftung. Dann ging Roger im Glauben, der Polizei bei der Suche nach dem Lager behilflich sein zu können, mit der Geschichte zu Officer Vance. Sie nahm sie ihm nicht ab.

Knight erklärte, er habe die Geschichte für sich behalten, weil der Pakt für ihn weiterhin gegolten habe. Er habe den Schwur so verstanden, dass niemals etwas über die Begegnung verraten werden würde. Nachdem ich ihn bei meinem siebten Gefängnisbesuch in acht Wochen schließlich davon unterrichtete, dass die Bellavances geredet hatten, war der Pakt für Knight gebrochen.

»Hat es noch andere Pakte gegeben?«, fragte ich ihn. »Haben weitere Leute Sie entdeckt?«

»Nein, es gab keine anderen Begegnungen«, erklärte Knight. Man habe doch jahrelang nach ihm gesucht. Wenn es nur den kleinsten Hinweis darauf gegeben hätte, dass das Lager von jemandem entdeckt worden war, hätte es sich in Windeseile herumgesprochen.

»Schließen auch wir einen Pakt? Versprechen Sie, dass Sie mir keine anderen Begegnungen verheimlichen?«

»Ja.«

Eigens für Vorfälle wie den mit den Eisfischern hatte Knight das Notfalldepot angelegt. Im Zweifelsfall hätte er, ehe die Männer sich's versahen, das Weite suchen und das Lager aufgeben können, um mit der gebunkerten Ausrüstung anderswohin zu ziehen.

Er sagte, er habe ernsthaft die augenblickliche Evakuierung erwogen, es sei aber völlig verschneit gewesen. »Ich hätte Spuren hinterlassen«, sagte er. »Ich hatte kaum noch zu essen. Ich habe einfach darauf gesetzt, dass die drei gute Menschen sind.« Außerdem erschöpfte ihn schon der bloße Gedanke, noch einmal von vorn anzufangen, gestand er. In jüngeren Jahren wäre er mit ziemlicher Gewissheit weitergezogen. Und das sei der Moment gewesen, sagte er, als er begriff, »dass der Kreis sich langsam schließt«.

Kaum zwei Monate nach der Begegnung mit den Eisfischern, als der Schnee langsam wich und die Meisen bereits sangen und seine Vorräte beinah vollständig aufgebraucht waren, begab er sich auf eine mitternächtliche Einbruchsmission. Er hebelte die Hintertür des Pine-Tree-Speisesaals auf und füllte seinen Rucksack. Als er wieder hinaustrat, blendete ihn plötzlich ein grelles Licht, und jemand brüllte, er solle sich auf den Boden legen.

24

Die Eisfischer fanden nicht, dass Knight eine Strafe verdiente. »Wenn ich eine Million Dollar hätte«, sagte der Großvater Tony Bellavance, »würde ich vierzig oder achtzig Hektar Land kaufen, ringsum Hinweisschilder aufstellen und Knight dort ungestört leben lassen.« Bellavance, ein Mann in den Siebzigern, besaß ein Haus in der Gegend, war aber selbst nie Opfer eines Einbruchs geworden.

Harvey Chesley, der Leiter des Pine Tree Camps, das die schwersten Verluste durch Knight hatte hinnehmen müssen, empfand ähnlich. »Ich dachte mir immer, falls ich ihn mal auf frischer Tat erwische, lasse ich ihn laufen«, sagte Chesley. »Ich meine, wir reden hier von tiefgefrorener Lasagne und Bohnen aus der Dose – nichts Weltbewegendes. Er war ein Dieb aus Notwendigkeit. Er hat meinen Respekt.«

Lisa Fitzgerald ist die Besitzerin des Landes, auf dem Knight campiert hatte. Sie erklärte, die Entdeckung, dass über Jahrzehnte ein Fremder auf ihrem Land gelebt habe, hätte sie in keiner Weise aufgeregt. Hätte sie ihn entdeckt, so Fitzgerald, sie hätte wohl nicht die Polizei gerufen und Knight nicht verjagt.

Die Einheimischen, die Knights Geschichte für wahr hielten, pflegten milde Reaktionen zu zeigen. Sie sagten, Knights Unterfangen habe ihre Fantasie beflügelt. Nach einem entspannten Wochenende am North Pond stelle man sich doch ganz automatisch vor, seine Arbeit zu kündigen und für immer dort am See zu bleiben. Jeder träume hin und wieder davon, alles hinter sich zu lassen. Aber dann steige man doch wieder ins Auto und fahre nach Hause.

Knight war dort geblieben. Ja, er hatte regelmäßig das Gesetz gebrochen, um dieses Leben führen zu können, aber er war nie gewalttätig geworden. Er hatte keine Waffe getragen. Er wollte einfach nichts zu tun haben mit den Menschen. Er war zwanghaft introvertiert, aber kein hartgesottener Krimineller. Er war einem höchst sonderbaren Ruf gefolgt und sich dabei treuer geblieben, als es die meisten von uns jemals wagen würden. Ihm war ganz offenkundig nicht daran gelegen, Teil unserer Welt zu sein.

Einige Anwohner boten an, Knight auf ihrem Grundstück wohnen zu lassen. Andere wollten eine Spendenaktion organisieren, von deren Erlös er sich mehrere Jahre lang mit Lebensmitteln hätte eindecken können. So müsste er künftig nicht mehr stehlen. Man solle ihn umgehend aus dem Gefängnis entlassen und ihm erlauben, in den Wald zurückzukehren. Er habe doch niemandem größeren Schaden zugefügt.

Zumindest keinen körperlichen Schaden. Andere Leute entrüsteten sich über Knight. Die bei seinen Einbrüchen erbeuteten Gegenstände seien zwar von geringfügigem Wert gewesen, aber er habe den Menschen ihren Seelenfrieden geraubt. Ihr Gefühl von Sicherheit zerstört. Einige gaben an, sich seit Jahrzehnten gefürchtet zu haben, wenn sie in ihrer Blockhütte übernachteten.

»Ich habe mich gefühlt, als hätte man mich wieder und wieder vergewaltigt«, sagte Debbie Baker, die seit über zwanzig Jahren gemeinsam mit ihrem Ehemann ein Grundstück am North Pond besitzt. »Ich habe nicht mehr mitgezählt, wie oft er bei uns eingebrochen hat.« Ihre beiden Söhne hätten als kleine Kinder entsetzliche Angst vor dem Eremiten gehabt, hätten Albträume von ihm bekommen. Die Familie installierte Sicherheitsleuchten und Bolzenschlösser und bestellte des Öfteren sogar einen Polizisten zum Haus, der sich dort die Nacht um die Ohren schlug. Doch es half alles nichts. »Ich verurteile es aufs Schärfste, was dieser Mann uns angetan hat«, sagte sie.

Martha Patterson, deren Blockhütte ebenfalls ein regelmäßiges Einbruchsziel gewesen war, sagte, Knight habe Teile des Silberbestecks gestohlen, das sie von ihrer Mutter geerbt hatte, dazu einige handgenähte Decken, die ihr lieb und teuer gewesen waren, doch der wirkliche Schaden sei tiefer gegangen. Für Patterson war die Hütte ein Rückzugsort von den Verpflichtungen des Alltags gewesen, und das habe Knight ihr kaputt gemacht. »Ich konnte nicht das Fenster offen lassen, konnte mich nicht mal an den See setzen, ohne mir Sorgen zu machen«, sagte sie. »Knight hat mir mein Stück des Himmels gestohlen.«

»Wenn jemand etwas zu essen braucht«, sagte Mary Hinkley, Opfer von einem Dutzend Einbrüchen, »dann gebe ich ihm etwas. Man muss mich nur fragen. Aber wir wurden Opfer einer Invasion, ja, so fühle ich mich, wie das Opfer einer Invasion. Als meine Enkel dort waren, hatte ich immer

Angst, dass er in der Nacht bei uns einsteigt. Ich verachte diese Person. Ich schäme mich dafür, aber so ist es eben. Ich verachte ihn. Mir fällt niemand anders ein, gegenüber dem ich derartige Empfindungen hege.«

Falls Knight tatsächlich im Wald hätte leben wollen, hieß es bei vielen, dann hätte er es auf öffentlichem Land tun sollen, hätte dort jagen und fischen können. Und wie hätte man denn wissen sollen, dass er nicht bewaffnet und gefährlich ist? Schon ein einziger Einbruch kann mit zehn Jahren Gefängnis bestraft werden. Knight sei nichts anderes als ein Faulpelz und tausendfacher Dieb gewesen. Man solle ihn am besten für immer hinter Schloss und Riegel bringen.

Die Bezirksstaatsanwältin Maeghan Maloney war die Person, die über Knights Strafe zu befinden hatte. Maloney stammte aus einer Arbeiterfamilie in Maine und wuchs in einem Sozialbau auf. Sie war die Jahrgangsbeste ihrer Highschool-Abschlussklasse und hatte ein Stipendium für ein Jurastudium in Harvard gewonnen. Sie kannte die öffentliche Meinung über Knight (»Lasst ihn sofort frei« versus »Sperrt ihn für immer ein«), und auch sie selbst hegte widersprüchliche Empfindungen. »In vielerlei Hinsicht sind die Gesetze nicht gemacht für einen Sonderfall wie diesen«, sagte sie.

Knight selbst bat nicht um Milde. »Es gibt keine Entschuldigung für meine Taten«, sagte er. »Ich möchte nicht, dass die Leute sich mein Verhalten schönreden, nur um nicht das beflecken zu müssen, was sie an mir bewundern. Wenn, dann soll man mich im Ganzen betrachten, das Gute und das Schlechte sehen. Danach kann man über mich urteilen. Man soll sich nicht nur die Rosinen herauspicken. Man braucht sich keine Rechtfertigungen für mich auszudenken.«

»*Alle* Kriminellen streiten ihre Taten zuerst einmal ab«, sagte Terry Hughes, der bei Knights Geständnis im Pine-Tree-Speisesaal dabei gewesen war. »Sie lügen, was das Zeug hält. So ist es eben, wenn man mit Verbrechern zu tun hat. So ist unsere Welt. Ich bin nichts anderes gewohnt.«

Hughes sagte, er sei aber noch nie jemandem begegnet, der seine Verbrechen so umstandslos zugegeben habe wie Knight. Er habe für alles geradegestanden, so Hughes weiter. Knight hatte kein Problem damit, die tausend Einbrüche zu gestehen. Er wusste, dass er etwas Falsches getan hatte, er schämte sich und zeigte Reue, aber er hielt mit nichts hinterm Berg. »Alles in mir wollte den Burschen hassen«, sagte Hughes. »Ich bin ein typischer sturköpfiger Exmarine. Er hat aus einem Ferienlager für Behinderte gestohlen. Aber ich kann ihn nicht hassen. Man könnte hundert Jahre bei der Polizei arbeiten, ohne dass einem jemand wie Knight unterkäme.«

»Es ist ein seltsamer Fall, sicher«, sagte Knights Strafverteidiger Walter McKee, der pro bono für ihn arbeitete und in ganz Maine für sein Arbeitsethos und seine Kompetenz bekannt ist. McKee trifft allmorgendlich um Viertel nach drei in seiner Kanzlei ein. Außerdem spielt er Geige, ist Bergsteiger, Privatpilot, Vater und Ehemann.

»Mr McKee kennt keinen Schlaf«, heißt es auf der Webseite seiner Kanzlei. Er bewegte Knight dazu, auf sein Recht auf einen baldigen Prozesstermin zu verzichten, um in Ruhe über das weitere Vorgehen befinden zu können.

Auch in der modernen »Eremitengemeinde« wurde eifrig über Knight debattiert. Auf der »Hermitary«-Webseite gibt es ein digitales Schwarzes Brett, das als »Forum für Eremiten, Einsiedler, Anachoreten, Klausner und Introvertierte« beschrieben wird. Bevor man dort etwas posten darf, muss der Administrator, der das Pseudonym »Meng-hu« verwendet, darüber befinden, ob man ein legitimer Eremit ist. Gegenwärtig gibt es über tausend Mitglieder. Allerdings sind niemals mehr als zwei oder drei gleichzeitig online, was ja keine Überraschung sein dürfte.

Die vorherrschende Meinung unter den Forumsmitgliedern war, man könne Knight gar nicht als richtigen Eremiten betrachten. Er sei eher eine Beleidigung für das Eremitentum. Meng-hu schrieb einen Beitrag über Eremiten wie Knight. »Das Bild vom Eremiten, der stiehlt, um zu überleben, bedient nur das Klischee vom ›parasitären Einsiedler‹«, hieß es bei dem Administrator. »Kein einziger historischer Eremit, vor allem nicht die mit spirituellen Motiven, aber auch nicht die anderen, sah sich jemals veranlasst, sich über den Besitz eines anderen Menschen herzumachen – jemandem etwas wegzunehmen war schlicht undenkbar.« Zu stehlen werde, so Meng-hu weiter, von Eremiten generell verurteilt, weil es aufzeige, dass man undiszipliniert sei, dass es einem an Empathie mangele und dass man eine Bedrohung für die Gesellschaft darstelle.

Ob nun offiziell als Eremit anerkannt oder nicht, Knight konnte keine Kaution aufbringen und blieb vorerst inhaftiert. Nach wenigen Tagen fing er sich eine schwere Erkältung ein, aber es aktivierte sein Immunsystem, und weitere Erkrankungen blieben ihm erspart. Er bekam eine neue Brille, die erste seit dreißig Jahren, mit ovalen Gläsern und einem silbernen Drahtgestell.

Er nahm ab und wurde so dünn wie nach einem besonders harten Winter. Wo er nun nach Herzenslust schlemmen könne, scherzte er, bekäme er plötzlich kaum noch etwas herunter. Die Wahrheit aber war, dass das Gefängnis ihn zu nervös machte, um einen gesunden Appetit zu entwickeln. Er sei ein vorbildlicher Häftling, sagte Chief Deputy Sheriff Ryan Reardon. Sein Bart – sein Zeitmesser und seine Maske – wucherte und juckte, doch lehnte er es ab, sich zu rasieren.

Knight hatte angenommen, seine Eltern wären längst gestorben, doch kurz nach seiner Festnahme erzählte ihm Diane Vance, dass seine Mutter, Joyce Knight, noch lebe. Sie war weit über achtzig. Knight flehte Vance an, die betagte Frau nicht zu kontaktieren und sich auch an keins der anderen Familienmitglieder zu wenden. Die Polizistin willigte ein. Selbst im Gefängnis wollte Knight sein Geheimnis weiter wahren.

Sechs Tage nach seiner Festnahme informierte ihn Vance, dass die Geschichte an die Öffentlichkeit gelangt sei. Bald schon würde seine Mutter aus den Medien von ihm erfahren. Knight erteilte Vance schließlich die Erlaubnis, seine Mutter von seiner Festnahme zu unterrichten.

Sie rief Mrs Knight an. »Ich habe nicht lange um den heißen Brei herumgeredet«, sagte Vance. »Ich habe ihr einfach die Nachricht mitgeteilt. Ich glaube, sie hat einen Schock erlitten, denn eigentlich hatte sie ihn all die Jahre für tot gehalten. Am Ende wurde sie, glaube ich, wütend, weil er im Gefängnis saß und Verbrechen verübt hatte. Ich weiß noch, dass sie meinte: ›In meinem Alter ist das ziemlich viel auf einmal.‹«

Knight akzeptierte einen einmaligen Gefängnisbesuch von seinen Brüdern Joel und Timothy. Joel war derjenige, der seinerzeit beim Kredit für den Subaru gebürgt hatte, der dann von Chris in der Wildnis zurückgelassen worden war. Dem Familienfreund Kerry Vigue zufolge hatte Joel das Darlehen bis auf den letzten Cent zurückgezahlt und nie Anzeige gegen Chris erstattet. »Joel fand, so was tut man nicht unter Brüdern«, sagte Vigue.

Chris verbot seiner Mutter, ihn im Gefängnis zu besuchen. Er sagte, es würde ihr nur Kummer bereiten und sie mit Scham erfüllen. »Schauen Sie mich doch an: Ich trage eine Sträflingskluft. So soll sie mich nicht sehen. Ich bin ein Dieb, sitze im Gefängnis, so vieler Verbrechen schuldig. Meine Mutter hat mich nicht zu so etwas erzogen. Dies ist kein Ort für sie.«

Aus demselben Grund habe er auch all die Jahre nicht zu Hause angerufen, erklärte Knight. »Denn was ich war – ein Eremit, ein Dieb –, hätte dem Glaubenssystem meiner Familie entgegengestanden. Es hätte sie beschämt. Ich durfte es ihnen nicht erzählen.« Lieber ließ er sie im Unklaren über sein Schicksal und bereitete ihnen endlosen Schmerz. Eine verstörende Entscheidung.

Er beschloss, seiner Mutter erst nach seiner Freilassung gegenüberzutreten, um sich mit ihr »in angemessenem Rahmen, von Angesicht zu Angesicht« unterhalten zu können. Aber nach sechs Monaten in Haft hatte er noch immer nicht die leiseste Ahnung, wann es zu dem Wiedersehen kommen würde. Er bekam Ausschlag, und manchmal zitterten ihm die Hände. Zu wissen, wie lange er eingesperrt bleiben würde, hätte seine Unruhe vermutlich gemildert, aber er verstand, warum sich das Ganze so lange hinzog. »Ich passe in keine Kategorie«, sagte er. »Die bekommen es heutzutage wohl nicht so oft mit einem Eremiten zu tun.« Und so verkroch er sich wieder in sein Inneres, klammerte sich an die Fäden seines Verstands und wartete darauf zu erfahren, was das Schicksal für ihn bereithielt.

25

Eine Seitentür des Gefängnisses schwingt auf. Drei bewaffnete Polizeibeamte in kugelsicheren Westen treten heraus, zusammen mit einem Häftling in Handschellen, dessen Bart aussieht wie Dschungelmoos. Einer der Beamten positioniert sich vor Knight, die beiden anderen umfassen seine Ellbogen und führen ihn über die Court Street zum Kennebec County Court, dem Bezirksgericht, dessen Eingang imposante Granitsäulen flankieren. Rote und gelbe Blätter tanzen in der herbstlichen Brise. Fernsehkameras werden Knight ins Gesicht gehalten, aber er bleibt gelassen, blickt teilnahmslos ins Leere.

Der Gerichtssaal ist mit dunklem Holz getäfelt, der Teppichboden kastanienbraun, in einer Ecke gibt es einen riesigen Steinkamin, an den Wänden hängen, wie in einem Spukhaus, Ölgemälde der verstorbenen Richter, die zwischen goldfarbenen Rahmen ernst auf die Anwesenden herabblicken. Nach Abraham Lincolns Ermordung 1865 wurde hier ein Gedenkgottesdienst für den Präsidenten abgehalten.

Auf den knarrenden Holzbänken im hinteren Teil des Saals drängen sich die Zuschauer, der Bereich für die Pressefotografen und Fernsehleute ist rappelvoll, alle warten auf Knights Ankunft. Aktenkartons werden hereingebracht. Knights Anwalt McKee trägt einen dunklen Anzug,

Q U I T T U N G
Buchhandlung Schutt
Inh.: Angelika Schleindl
Arnsburger Stasse 76
60385 Frankfurt am Main
Tel.:069/435173 FAX:069/43056635
eMail: info@buchhandlung-schutt.de

16.03.19/0071 13:02 Kasse: 00 EUR

Artikel	Mg.	Preis	MwSt.	Summe
Finkel, Michael: Der Ruf der Stille				
WGR 1150 978-3-442-15974-1				
	1	10,00	7,00%	10,00
TOTAL			0,65	10,00
Nettoentgelt: EUR 9,35				
GEGEBEN Bar				10,00

Vielen Dank für Ihren Einkauf.

St.Nr.: 13/865/31665

die Staatsanwältin Maloney einen feuerwehrroten Blazer. Knights Bruder Joel – auch er schmallippig, mit der gleichen spitzen Nase – nimmt mit Tochter und Sohn Platz, die beiden sind in den Zwanzigern. Gleich werden sie zum ersten Mal ihren Onkel sehen. Der Sohn wackelt mit dem Bein, und ich höre Joel sagen: »Ist normal, dass du nervös bist.«

Man führt Knight herein zum Tisch seines Verteidigers, nimmt ihm die Handschellen ab. Es wird still im Saal. Ein Gerichtsbeamter sagt: »Bitte erheben Sie sich.« Und als wäre es ein Zaubertrick, erscheint hinter einem roten Vorhang, hinter dem sich eine Tür verbirgt, die Richterin Nancy Mills. Sie streicht ihre schwarze Robe glatt und nimmt Platz, schiebt sich eine Lesebrille auf die Nase und beginnt. Für Leute, die die Zeit nicht nach dem Sonnenlauf, nach Mondphasen oder nach ihrer Kinnbehaarung bemessen, ist es Montag, der 28. Oktober 2013. Fast sieben Monate sind seit Knights Ergreifung vergangen.

Man hat eine Lösung gefunden. Knight wird sich in dreizehn Einbruchs- und Diebstahlfällen für schuldig bekennen – der Großteil der Einbrüche lässt sich wegen der sechsjährigen Verjährungsfrist nicht mehr strafrechtlich verfolgen, und viele wurden gar nicht erst zur Anzeige gebracht –, und statt ins Gefängnis zu gehen, wird er eine Bewährungsstrafe erhalten und sich einem Rehabilitationsprogramm unterziehen, bei dem er psychologische Betreuung und Hilfe bei der Wiedereingliederung in die Gesellschaft erhält.

Das Programm wurde für verurteilte Straftäter entwickelt,

die nur leichte Vergehen begangen haben und darüber hinaus zum Drogenmissbrauch neigen und an einer psychischen Störung leiden. Aufgrund ihrer persönlichen Situation soll diesen Personen der reguläre Strafvollzug erspart bleiben. Besagter Drogenmissbrauch ist in Knights Fall sein Hang zum Alkohol, sein psychisches Problem soll entweder das Asperger-Syndrom, eine Depression oder eine schizoide Persönlichkeitsstörung sein. Diese Diagnosen mögen es nicht genau treffen, doch selbst die Staatsanwältin empfände eine lange Gefängnisstrafe als grausam und spricht sich dafür aus, den Fall juristisch zu beenden und Knight dem Programm zu unterstellen.

Knight erhebt sich, verschränkt die Hände hinter dem Rücken. Maloney verliest die Anklagepunkte. Würde es sich hier nicht um ein ernsthaftes Gerichtsverfahren handeln, klänge das Ganze beinah witzig.

»Am 14. Juli 2008«, intoniert Maloney, »erstattete Mr Edmund Ashley Anzeige wegen einiger aus seiner Blockhütte in Rome, Maine, gestohlener Gegenstände. Dabei handelte es sich um Batterien, Lebensmittel und Getränke mit einem Gesamtwert von rund achtzehn Dollar.«

Richterin Mills bittet Knight um Stellungnahme.

»Schuldig«, bekennt er mit kaum hörbarer Stimme.

»Im nächsten Fall wurde das Fenster eines Feriengasts aufgestemmt«, fährt Maloney fort. »Aus seiner Blockhütte wurden Lebensmittel, eine Jeans in Größe achtunddreißig sowie ein Ledergürtel gestohlen. Der Gesamtwert beträgt etwa vierzig Dollar.«

»Schuldig.«

In dem Stil geht es noch elfmal weiter. »Bekennen Sie sich schuldig, weil Sie es tatsächlich sind, oder haben Sie andere Gründe dafür?«, fragt Richterin Mills ihn am Ende.

»Weil ich schuldig bin.«

»Begreifen Sie, was wir hier tun?«

»Ja.«

»Es freut mich, dass Mr Knight sich in allen Fällen aus freien Stücken schuldig bekennt«, sagt Mills. Dann verkündet sie die Strafauflagen. Knight erhalte eine siebenmonatige Haftstrafe – eine Woche davon muss er noch absitzen – und müsse sich nach seiner Freilassung in psychotherapeutische Behandlung begeben. Er müsse täglich bei seinem Bewährungshelfer anrufen. Jeden Montag müsse er um elf Uhr im Gericht erscheinen, damit sie – die Richterin – seine Entwicklung beurteilen könne. Die Auflagen blieben mindestens ein Jahr in Kraft, und im Falle einer Zuwiderhandlung drohe ihm eine bis zu siebenjährige Haftstrafe im Staatsgefängnis.

Darüber hinaus erhalte er eine Geldstrafe in Höhe von zweitausend Dollar, die unter den Einbruchsopfern aufgeteilt werde. Er werde wieder zu Hause bei seiner Mutter einziehen und müsse sich einen Job suchen oder eine Ausbildung beginnen und gemeinnützige Arbeit leisten. Er dürfe Maine nicht verlassen und keinen Kontakt zu seinen Opfern aufnehmen. Der Besitz und Konsum von Alkohol sei ihm verboten. Man werde ihn unangekündigten Drogen- und Alkoholtests unterziehen.

»Natürlich«, fügt Mills an, »dürfen Sie sich auf keine weiteren kriminellen Aktivitäten jedweder Art einlassen – begreifen Sie das, Mr Knight?«

»Ja.«

»Haben Sie noch Fragen, oder haben Sie dem Gericht noch etwas zu sagen, Mr Knight?«

»Nein«, antwortet er, und damit ist die Anhörung beendet.

Einige Stunden später besuche ich Knight zum letzten Mal im Gefängnis. Es ist unsere neunte einstündige Begegnung in zwei Monaten, viermal bin ich deshalb nach Maine gereist. Es gibt Telefone im Gefängnis, aber er weigert sich hartnäckig, mit mir zu telefonieren, obwohl wir auch bei den Besuchen mittels Telefonhörern kommunizieren. Seit dreißig Jahren hat er keinen Anruf getätigt, und auch bevor er in den Wald verschwand, hatte er nicht gern telefoniert.

»Die Leute sagen allen Ernstes: ›Mr Knight, es gibt jetzt Handys. Das wird Ihnen bestimmt gefallen.‹ Es ist eines ihrer Lockmittel, um mich in die Gesellschaft zurückzuholen. ›Sie werden es toll finden‹, sagen sie. Mich lässt das kalt. Und was das SMS-Schreiben angeht, benutzt man das Telefon da nicht letztlich als einen Telegrafen? Wir bewegen uns rückwärts.« Dass man Musik heutzutage teilen und downloaden kann, lässt Knight gleichermaßen unbeeindruckt. »Ihr benutzt eure Computer, eure Tausend-Dollar-Geräte, um Radio zu hören? Die Gesellschaft nimmt einen höchst seltsamen Weg.« Er sagt, er werde weiterhin Schallplatten hören.

Vor seiner nun unmittelbar bevorstehenden Freilassung wirkt Knight nervöser denn je. Ständig kratzt er sich an den Knien. Ihm ist aufgegangen, dass es im Gefängnis vielleicht gar nicht so schlecht ist. Hier gibt es streng geregelte Abläufe, und er kann sich in einen Überlebensmodus versetzen, der dem im winterlichen Wald nicht unähnlich ist, zumindest was seine seelische Verfassung betrifft. »Zwar bin ich hier von äußerst fragwürdigen Leuten umgeben«, sagt er, »aber zumindest wirft man mich im Gefängnis nicht ins kalte Zivilisationswasser und erwartet, dass ich schwimmen kann.«

Nun wird er ins öffentliche Leben hinauskatapultiert, und davor fürchtet er sich. Es sind nicht die großen Dinge, die ihm Angst machen – einen Job suchen, wieder Autofahren lernen –, sondern die kleinen, wie anderen Menschen in die Augen zu schauen und sich unterhalten zu müssen, ohne sein Gegenüber vor den Kopf zu stoßen. »Emotional bin ich extrem labil. Ich brauche eine Therapie, das ist mir klar.«

Er weiß, dass für ihn viel auf dem Spiel steht. Er hat Angst, einen Fehler zu begehen, der ihn wieder hinter Gitter bringt. Die mögliche Haftstrafe hängt über ihm wie ein Damoklesschwert. »Ich bin auf meinen Wiedereintritt in die Gesellschaft nicht vorbereitet. Ich kenne eure Welt nicht. Ich kenne nur meine eigene und habe Erinnerungen daran, wie die Welt war, bevor ich in den Wald ging. Wie ist das Leben heutzutage? Was ist angemessen, was nicht? In der Liste meiner Fähigkeiten gibt es jede Menge Leerstellen. Ich muss herausfinden, wie ich leben soll.«

Das, was ihm gegenwärtig widerfährt, bezeichnet er im Wortsinn wie auch metaphorisch als seinen »doppelten Winter«. Am Ende eines Winters wurde er festgenommen, und seine Freilassung erfolgt, während der nächste beginnt. »Für mich ist es ein Jahr ohne Sommer. Wie als der Krakatau ausbrach.«

Seine Familie wird ihn bereitwillig auf dem fünfundzwanzig Hektar großen Grundstück im Städtchen Albion aufnehmen, er wird im Elternhaus sein altes Kinderzimmer beziehen. »Sie billigen meine Taten nicht, aber ich gehöre trotzdem weiter zur Familie. Dafür bin ich dankbar.« Er wird mit seiner Mutter und Schwester leben, sein Bruder Daniel wohnt gleich nebenan. Selbst nach all der Zeit erinnert er sich deutlich an das Haus, in dem er aufwuchs. Er sah ein Foto davon in der Zeitung, und sofort fiel ihm auf, dass es einen neuen Anstrich in einem leicht veränderten Farbton hatte.

Was er im Gefängnis über die Gesellschaft erfuhr, in die er nun zurückkehrt, lässt ihn gänzlich unbeeindruckt. Er ist sich sicher, dass er nicht hineinpassen wird. Alles bewegt sich mit Lichtgeschwindigkeit, es gibt keine Pausen. »Es ist zu laut, zu bunt, zu roh. Es mangelt an Ästhetik. Es gibt zu viel Albernheit, zu viel triviales Zeug. Die Ansprüche und Erwartungen der Leute bewegen sich auf niedrigstem Niveau.«

Er räumt ein, nicht in der Position zu sein, über andere urteilen zu können. Er sagt, nach seiner Entlassung werde er höllisch darauf achten, sich nichts zuschulden kommen zu lassen. Er werde sich streng an die Gesetze halten, keinen Alkohol anrühren. »Die Leute werden nichts von mir kriegen, was sie in ihrer fragwürdigen Meinung über mich bestärken könnte.«

Seine Jobaussichten stehen schlecht, das ist ihm klar. »Ja, ja, das liebe Geld. Ich muss mich wieder daran gewöhnen, Geld verdienen zu müssen. Ich werde versuchen, Arbeit zu finden. Aber meine Bewerbungsmappe ist ziemlich dünn.« Was die Art seiner künftigen Tätigkeit betrifft, hegt er keine großen Erwartungen. Geschirr spülen, Regale auffüllen.

Während er im Gefängnis saß, wurde ihm eine Art Praktikum angeboten. Die Besitzerin einer Biofarm wandte sich an die Staatsanwaltschaft und bat darum, Knight ihr Konzept vorstellen zu dürfen. Die Felder würden auf althergebrachte Weise mit Pferd und Ochse gepflügt, am Wegrand gebe es einen Stand, wo man selbstgebackenen Kuchen, Marmelade und Pesto aus sonnengetrockneten Tomaten verkaufe. Im Winter würden Schlittenfahrten für Kinder angeboten. Die Besitzerin schilderte, wie heilsam die Farm für das Leben ihrer Familie gewesen sei und dass sie glaube, es könnte auf Knight die gleiche Wirkung haben. Man gestattete ihr, ihm das Angebot im Gefängnis persönlich zu unterbreiten.

Bei dem Treffen gab Knight sich alle Mühe, höflich und kooperativ zu sein. »Ich habe mit ihr über Landwirtschaft geredet, damit kenne ich mich aus. Dann fing ich an, von der Hippiebewegung zu faseln, von der Zurück-aufs-Land-Bewegung und wie schön ein Leben in freier Natur ist. Ich schätze, ich habe der Frau den Eindruck vermittelt, dass ich gern bei ihr arbeiten würde, aber damit liegt sie falsch.«

Knight zufolge machte es einige Nachbarn der Biofarm nervös, dass er demnächst dort arbeiten könnte, und die Besitzerin zog das Angebot wieder zurück. Knight nahm es mit Erleichterung zur Kenntnis. »Ich bei der Feldarbeit unter der sengenden Sonne, nach all den Jahren im Schatten des Waldes, nein, das hätte nicht funktioniert.«

Ich biete Knight an, dass ich im Internet nach Stellenangeboten für ihn suchen könnte, ruhige Jobs als Wachmann oder Bibliothekar, doch er schüttelt vehement den Kopf. »Bitte, lassen Sie mich in Ruhe«, sagt er. Das Beste, was ich für ihn tun könne, sei, ihm nicht zu helfen. Jemandem Hilfe zu gewähren, sei eine Art von Beziehung. Als Nächstes würde ich ihn bitten, sein Freund sein zu dürfen, und er möchte nicht mein Freund sein. »Ich werde Sie kein bisschen vermissen«, fügt er noch an.

Knight verfolgt mit Hingabe den Wechsel der Jahreszeiten und liebt den Duft des Windes, mit allem anderen weiß er nichts anzufangen. Ich hatte ihm ein wenig von meiner Familie und meinen Hobbys erzählt, und er machte sich nicht einmal die Mühe, Interesse vorzuheucheln. Er weiß nichts mit den Informationen anzufangen, weiß nicht, welche Fragen er stellen soll. Menschen kennt er nur aus der Ferne, anhand der Lebensmittel in ihren Vorratskammern und der Dekoration an ihren Wänden. Seine einzige echte Beziehung war die zwischen ihm und dem Wald.

Knight sieht sich gleichermaßen als gewöhnlichen Kriminellen und als nietzscheanischen »Übermenschen« – als eine Art Superman, der keinen allgemeingültigen Regeln unterliegt, als einen Meister der Selbstdisziplin, die ihn befähigt, die Inhaltslosigkeit des gewöhnlichen Lebens zu überwinden. Er hat mir seine Geschichte erzählt, ohne eine Gegenleistung zu verlangen, aber er fragt sich nun, welche Version von ihm ich porträtieren werde. »Es erfüllt mich mit Sorge, dass ein Fremder über mich schreiben wird«, sagt er. »Ich traue Ihnen nicht besonders. Aber ich misstraue Ihnen auch nicht. Ich versuche, die ganze Person zu sehen. Es gibt einige schwierige Punkte bei Ihnen. Sie sind imstande, Schaden anzurichten oder Gutes zu bewirken. Tun Sie, was Sie für richtig halten.«

Es gibt nur eines, was ihn an mir interessiert: Welche Bücher stehen in meinem Regal? Er bittet mich, ein Video davon aufzunehmen und es ihm zu schicken. Er sagt, er werde schon irgendwie herausfinden, wie er den Film zum Laufen bringt. Ich solle das Video machen, sagt er, ihm aber keine Bücher oder Briefe mehr schicken, und ich solle ihn auf keinen Fall zu Hause besuchen. »Sobald ich hier raus bin, sind Sie runter von meiner Tanzkarte. Ich möchte mir den Luxus Ihrer Gegenwart nicht länger leisten, und umgekehrt verweigere ich Ihnen, sich im Licht meiner Persönlichkeit zu sonnen. Kapieren Sie die Anspielung mit der Tanzkarte? Haben Sie ›Little *Women*‹ gelesen?«

Vor allem meine Aufdringlichkeit missfalle ihm, dass ich so oft hergekommen sei, um mit ihm zu reden. »Haben Sie einmal einen Floh im Ohr, gibt es keinen ruhigen Moment mehr.« Er sagt, er bereue es, mir zurückgeschrieben zu haben. Dann rudert er zurück. Er fürchte, er klinge gerade ein bisschen zu feindselig. Meine Besuche hätten ihm durchaus etwas gebracht. »Ein bisschen Stressabbau.« Nun aber sei er es leid, über sich zu sprechen.

Von mir möchte er vor allem, dass ich den Fuß vom Gaspedal nehme und Zeit ins Land ziehen lasse. »Seien Sie kein Plagegeist«, sagt er. »Vielleicht rede ich wieder mit Ihnen, wenn der Flieder blüht. Bin mir aber nicht sicher.« Ich frage ihn, ob er damit nächstes Jahr meine. Er nickt. »Ja, im Frühling. Ausdrücke wie ›nächstes Jahr‹ benutze ich noch nicht.«

Es steht Knight nicht mehr frei, sich in die Wildnis abzusetzen, zumindest nicht, ohne eine siebenjährige Haftstrafe zu riskieren, deshalb möchte er eins werden mit der Welt. Ein Wärter erscheint, um ihn herauszueskortieren. Ich danke Knight dafür, mit mir geredet und mir seine Gedanken offenbart zu haben, für seine lyrische Sprache. Ich verrate ihm, dass mir seine Art zu denken gefalle. »Leben Sie wohl, Chris«, sage ich. »Alles Gute.«

Knight hätte noch Zeit, um einen letzten Gedanken zu formulieren, aber er sagt nichts. Kein Winken, kein Nicken. Er erhebt sich und dreht sich um, geht aus der Besuchskabine und verschwindet in einen Gang des Gefängnisses.

26

Chris' ältester Bruder Daniel besorgt ihm eine Arbeit. Daniel betreibt einen Altmetallhandel und schleppt ausrangierte Auto- und Traktormotoren heran, die Chris in einem Schuppen auf dem Familiengrundstück auseinandernimmt. Er erhält keine Bezahlung, arbeitet für Kost und Logis. Er erfüllt die gerichtliche Auflage, aber bei dieser Art von Arbeit hat er keine soziale Interaktion.

Jeden Montag fährt ein Familienmitglied ihn nach Augusta zum Termin im Gericht. Er verpasst keinen einzigen und ist immer pünktlich, hält sich penibel an die Auflagen. »Er macht sich ganz ausgezeichnet«, sagt Maeghan Maloney. »Er gibt sich große Mühe zu begreifen, wie er wieder ein Teil der Gesellschaft werden kann. Bisher hat es keinen einzigen Rückschlag gegeben. Wenn wir uns montags treffen, unterhalten wir uns ein bisschen. Er macht einen zufriedenen Eindruck.« Er lässt sich ins Wahlregister eintragen.

Phil Dow, Präsident der Historischen Gesellschaft von Albion, kennt die Knights seit fünfzig Jahren. Eines Tages ruft Joyce bei ihm an und fragt, ob es bei ihm etwas für Chris zu tun gebe, um die geforderte gemeinnützige Arbeit abzuleisten. »Ich habe geantwortet, dass ich Chris nur zu gern dabeihätte«, sagt Dow.

Etwa einmal in der Woche holt Dow Knight zu Hause ab

und fährt ihn zum Bahnhof. Albion besitzt einen der letzten Schmalspur-Eisenbahnhöfe weltweit, wie Dow begeistert erzählt. Die Spurweite beträgt nur sechshundert Millimeter, weniger als die Hälfte der Normalspur – Schmalspurstrecken waren billiger und auf schwierigem Terrain leichter zu verlegen. Ab dem späten 18. Jahrhundert wurden Passagiere und Fracht auf dieser Strecke durchs zentrale Maine befördert, bis am 15. Juni 1933 ein Zug in einer Kurve entgleiste und die Uferböschung des Sheepscot River hinabstürzte. Die Historische Gesellschaft von Albion restauriert das doppelgeschossige, aus Zedernholz bestehende Bahnhofsgebäude.

Knight leistet dort gemeinnützige Arbeit als Anstreicher. »Er redet nicht viel«, sagt Dow. »Ich lasse ihn aber auch kaum zu Wort kommen, weil ich so eine Quasselstrippe bin. Doch er wirkt glücklich.«

Als Knight noch im Gefängnis saß, schickte ihm eine Frau namens Alice Macdonald, die auf dieselbe Highschool gegangen war wie er, einen Brief. Sie sei ein paar Jahre älter als er, schrieb sie, aber erinnere sich an ihn und würde gern Bibelstunden mit ihm abhalten. Knight hatte keine Lust darauf, dennoch interessierte ihn Macdonald. Sie löcherte ihn nicht nach seiner Geschichte und schien keine verborgenen Beweggründe zu haben. Sie kannte ihn aus der Zeit vor seiner Flucht in den Wald. Sie war eine Frau. Sie trafen sich einige Male im Gefängnis, sein einziger anderer regelmäßiger Besucher, und Knight trifft sich weiterhin mit ihr.

»Jetzt haben Sie also eine Freundin«, hatte ich ihn bei unserer letzten Begegnung im Gefängnis geneckt.

»Nein, zwischen uns gibt es nichts, was in Richtung einer Liebesbeziehung ginge, falls Ihnen dieser böse kleine Gedanke gekommen sein sollte«, entgegnete Knight mürrisch, von meiner Bemerkung aus dem Gleichgewicht gebracht. Auch mit Macdonald gab es keine Kontaktbesuche, die beiden waren stets durch die Scheibe getrennt. Er sagte aber, er habe es vorgezogen, sich mit einer Frau zu unterhalten. »Sie ist eine nette Lady, spendet mir Trost. Einmal wurde sie ganz gefühlsduselig und meinte: ›Ich wünschte, ich könnte dich in den Arm nehmen.‹ Ich fand die Vorstellung, dass sie mich berührt, ziemlich befremdlich.«

Knights Doppelwinter nimmt seinen Lauf. Ich erfülle seinen Wunsch und banne alle Bücher bei mir zu Hause auf ein sechzehnminütiges Video. Ich schicke ihm die CD mit dem Film, bekomme aber keine Antwort. Ich weiß nicht einmal, ob er sie erhalten hat. Immer wenn ich im Wald spazieren gehe und auch bei anderen Gelegenheiten frage ich mich, wie es ihm geht. »Das Gericht kann ihn zu irgendwelchen Programmen verdonnern«, sagte Terry Hughes, »und es mag ihm ganz ausgezeichnet gehen, aber trotzdem könnte er sich jederzeit auf und davon machen und wieder in den Wald verschwinden.« Fast erwarte ich, dass mich eines Tages diese Nachricht ereilt. Aber es geschieht nicht.

Ich rufe Daniel Knight an, um nach Chris zu fragen. Daniel geht dran, ich stelle mich vor, er sagt: »Nein, danke«, und legt wieder auf. Sein Bruder Jonathan, der in Fairbanks, Alaska, lebt, legt wortlos auf. Timothy nimmt gar nicht erst ab.

Joel Knight betreibt eine Autowerkstatt im Touristenort Belfast an der Küste Maines. Ich unternehme eine Reise nach Maine, bei der ich Chris nicht kontaktiere, sondern auf direktem Weg zu Joels Werkstatt fahre. Ich marschiere hinein. Es herrscht Hochbetrieb, an vier Autos wird herumgeschraubt, doch Joel ist leicht zu erkennen. Er trägt ein schwarzes T-Shirt, verschwindet immer wieder im Heck eines SUVs, erst mit einem Akkuschrauber, dann mit einem Schraubenschlüssel, und bewegt sich geschmeidig in dem beengten Innenraum des Fahrzeugs. Körperliche Anmut scheint den Knights im Blut zu liegen.

»Er ist ein Genie an meinem Prius«, sagt die Mitbesitzerin von Left Bank Books, einem kleinen Buchladen in der Stadt. Die Frau erklärt, dass natürlich jeder im Ort über Joels Bruder Bescheid wisse. »Ich würde ihn aber nie nach Chris fragen«, fügt sie an. »So gut kenne ich Joel nun auch wieder nicht.« Dennoch verrät sie mir das Gerücht, das in der Stadt kursiert: Nach seinem Verschwinden soll Chris' Mutter noch jahrelang seinen Geburtstag gefeiert, ihm sogar jedes Mal einen Kuchen gebacken haben.

Ich durchquere die Werkstatt und stelle mich Joel vor. An seinem Gesichtsausdruck – nicht böse, aber entschieden – erkenne ich, dass wir uns nicht lange unterhalten werden. Seine Hände sind schmutzig, und wir verzichten darauf, uns die Hand zu reichen. Joel bestätigt mir, dass niemand aus der Familie gewusst habe, wo Chris war. Soweit er wisse, habe Chris von niemandem Hilfe erhalten, und jeder, der seinen Bruder einen Lügner nenne, liege falsch. An seinem

Tonfall wird deutlich, dass auch er Chris' Handlungen nicht begreift.

»Ab wann haben Sie Chris für tot gehalten?«

»Das ist privat.«

»Wie war es, als er nach Hause zurückkehrte?«

»Das ist privat.« Joel verschwindet wieder im SUV, das Gespräch ist beendet.

Ich schaue auch bei Chris' Freundin Alice Macdonald vorbei. Sie öffnet die Haustür und sagt: »Ich kann nicht mit Ihnen reden«, dann macht sie die Tür wieder zu.

Als ich seine Mutter anrufe und erkläre, ich würde gern mit ihr über Chris sprechen, sagt sie: »Verstehe«, und legt auf. Phil Dow von der Historischen Gesellschaft berichtet, Joyce Knight habe ihm erzählt, es sei schön, dass Chris zurückgekehrt ist. Er habe wieder einen gesunden Appetit entwickelt und verschlinge die Mahlzeiten förmlich. »Sie liebt es, ihn essen zu sehen«, sagt Dow.

Eine Sache löst dann aber doch eine Reaktion aus. Ich schicke Chris eine Weihnachtskarte mit einem Foto meiner drei Kinder, und zwei Wochen später erhalte ich eine knappe Antwort, in vertrauter krakeliger Schrift geschrieben, schwarze Tinte auf einer weißen Karteikarte. »Ein Bild von solcher Schönheit und solchem Glück kann es nur geben, wenn tiefe Zufriedenheit herrscht«, schreibt er. Meine Kinder nennt er liebevoll »die Cowboys«. »Gut gemacht«, fügt er an. »Ein Gruß zur Wintersonnenwende? Ein Dankeschön? Was auch immer.« Wie gewohnt unterzeichnet er nicht mit seinem Namen, aber von ihm zu hören wärmt mir das Herz. Die Freilassung aus dem Gefängnis scheint ihn etwas weicher gemacht zu haben.

Die insgesamt vierunddreißig Wörter lange Nachricht ist das Einzige, was ich von ihm erhalte. Sieben Monate nach unserer letzten Begegnung im Gefängnis reise ich abermals nach Maine. Während der Fahrt vom Flughafen halte ich bei einem Blumengeschäft und kaufe einen großen Zweig mit lilafarbenem Flieder, gewissermaßen mein Olivenzweig. In Fairfield kaufe ich einen Apfelkuchen, eine Aufmerksamkeit für seine Mutter.

Es geht vorbei an Sägewerken und Antiquitätenläden, an Bed & Breakfasts und Swimmingpools. Frei lebende Truthähne stolzieren am Wegrand. In einer Einfahrt kann man an einem Klapptisch frische Farm-Eier kaufen, aber vom Verkäufer keine Spur – es gibt nur einen kleinen Kasten, in den man das Geld werfen soll. Im zentralen Maine herrscht noch Vertrauen unter den Menschen.

Man braucht vierzig Sekunden, um Albions Hauptstraße hinunterzufahren – Post, Bücherei, Tankstelle, Kirche, Gemischtwarenladen. In dem Geschäft hängt ein Schwarzes Brett mit handgeschriebenen Angeboten für Yoga-Unterricht, Schneeräumung, Autoreparaturen und Jagdführung. Es gibt keine Ampel. An beiden Enden des Orts reihen sich entlang der Straße einige weiße und dunkelbraune Holzhäuser aneinander. Dann wird es wieder ländlich: eine Milchfarm, ein Schuppen, wo man sein erlegtes Wild zerteilen lassen kann, ein kleiner Friedhof, auf dem einige Grabsteine beinah zweihundert Jahre alt sind.

Das Haus der Knights verbirgt sich fast vollständig hinter einer Mauer aus Hecken und Bäumen. Von der Straße aus sieht man nur das obere Stockwerk. Die beiden Fenster mit den hellblauen Läden lugen gleichsam wie Augen aus dem Grün hervor. Auf dem schwarzen Briefkasten steht »Joyce W. Knight«, daneben gibt es zwei Zeitungskästen, einen für den *Portland Press Herald,* einen für die *Morning Sentinel.* Ein riesiger roter Ahornbaum dominiert den Vorgarten.

Ich fahre den Mietwagen in die kurze unbefestigte Einfahrt vor eine niedrige Garage, auf deren Dach sich eine Wetterfahne befindet. Am Garagentor hängt ein Eisenschild, auf dem in eingravierten Buchstaben »Sheldon C. Knight« steht. Es ist still. Kein anderes Fahrzeug ist zu sehen. Es scheint niemand daheim zu sein. Ich bleibe noch einen Moment im Wagen sitzen, frage mich, was ich tun soll. Etwas an dem Haus macht mich nervös, obwohl es völlig unscheinbar ist, nur ein kastenförmiges, blassgelb gestrichenes Holzhaus. Einige Dachschindeln müssten mal ausgetauscht werden. Schließlich steige ich aus, den Fliederzweig und den Apfelkuchen in Händen, und gehe ein paar Schritte auf die Haustür zu, als unvermittelt Chris Knight hinter den Büschen hervortritt.

27

Er ist rasiert. Statt eines wild wuchernden Barts sieht man nun sein glattes rundliches Kinn. Er trägt ein braun kariertes Flanellhemd, das in einer verblichenen Jeans steckt, dazu eine braune unbeschriftete Baseballcap und alte lederne Arbeitsstiefel. Auf seiner Nase sitzt die silbern gerahmte Bifokalbrille, die man ihm im Gefängnis gegeben hat.

Ich halte ihm den Fliederzweig hin, der überquillt mit Blüten. Knight betrachtet ihn entgeistert. Es ist, als böte man einem Fisch ein Glas Wasser an. Erst jetzt bemerke ich den weißen, rosa- und lilafarbenen Flieder, der überall auf dem Knight'schen Grundstück blüht. Ich nehme den Zweig herunter und hebe die andere Hand wie ein Kellner, auf der Handfläche die Kuchenschachtel. »Der ist für Ihre Mutter«, sage ich.

Knights Blick wandert kurz zu der Schachtel. »Nein«, sagt er entschieden. Ich gehe zurück zum Auto, öffne die Beifahrertür, lege Kuchen und Flieder auf den Sitz und schließe die Tür wieder.

Wir stehen unnatürlich weit voneinander entfernt da. »Kann ich Ihre Hand schütteln?«, frage ich ihn. Wir hatten nie Gelegenheit dazu, waren immer durch eine bruchsichere Glasscheibe getrennt.

»Lieber nicht«, antwortet Knight. Also lassen wir es.

Mit einer Kopfbewegung bedeutet er mir, ihm zu folgen. Wir gehen hinter die Garage mit der Wetterfahne auf dem Dach, sind von der Straße aus nicht zu sehen. Wir stehen unter einem herrlich duftenden Fliederbaum, dessen Äste unsere Köpfe streifen. Das Gras ist saftig grün nach einer Woche Dauerregen. An den Apfelbäumen blühen weiße Blüten. Bald schon werden die Bäume Früchte tragen. Ganz in der Nähe steht der verwitterte Holzschuppen, in dem Knight die alten Motoren auseinandernimmt.

Es gibt Schwärme von Bartmücken, fliegenden Pfefferkörnern gleich, und ich wedele sie ständig fort, schlage aber nicht nach ihnen, fuchtele nicht mit den Händen herum. Auch bei unseren Begegnungen im Gefängnis habe ich immer versucht, auf meine Gesten zu achten, um Knight nicht unnötig nervös zu machen. Seine Bewegungen waren immer so ruhig und bedächtig. Knight scheinen die Insekten nicht im Geringsten zu stören.

Jeder, mit dem ich aus seinem Umfeld gesprochen hatte, hat mir erklärt, wie gut er sich an sein neues Leben gewöhnt habe. Er sieht gesund aus, hat eine gute Farbe. Er ist immer noch dünn – das Gürtelende baumelt herab –, aber nicht mehr klapperdürr wie einst. Ohne Bart wirkt er jünger. Er war beim Zahnarzt. Ich sehe, dass ihm ein Zahn gezogen wurde, die restlichen sind sauber und gepflegt. Aber eine der ersten Sachen, die er zu mir sagt, ist, dass das optimistische Gesicht, das er in der Öffentlichkeit zur Schau trage, nur eine weitere Maske sei. In Wahrheit leide er.

»Mir geht es überhaupt nicht gut«, gesteht er, den Blick

wie immer auf einen Punkt über meiner Schulter gerichtet. Niemand verstehe ihn. Ständig würden sich die Leute brüskiert fühlen von dem, was er sage. »Sie halten mich irrtümlich für arrogant. Ich fühle mich, als wäre ich plötzlich wieder auf der Highschool.« Er hat alles auf der Welt geopfert, um autonom leben zu können, und nun, als bald Fünfzigjährigem, ist es ihm verboten, selbstständig über sein Leben zu entscheiden.

Die Richterin, der Bewährungshelfer und der Therapeut sprächen mit ihm wie mit einem kleinen Kind. Jedes Mal, wenn er von seinen Problemen erzähle, würden sie ihn mit Plattitüden abspeisen. Knight zählt einige auf: »Ach, das wird schon wieder. Versuchen Sie, es positiv zu sehen. Auch morgen geht die Sonne wieder auf.« Er sei die hohlen Phrasen leid, deshalb halte er jetzt einfach den Mund. Er gebe niemandem eine Schuld – »Die tun alle ihr Bestes«, sagt er in einem Tonfall, der sich als arrogant bezeichnen ließe –, aber sich an all die Regeln halten zu müssen, verschlimmere seinen Zustand. In gewisser Weise sei ihm das Gefängnis lieber gewesen. Nun, in Freiheit, merke er deutlich, wie unfrei er tatsächlich sei.

Er greift in die Hosentasche und fördert eine Uhr zutage, deren Armband abgerissen ist. Er sagt, seine Familie wolle nicht, dass er mit mir spricht. Sie wären stinksauer, wenn sie wüssten, dass ich hier sei. Ich sei zu einem günstigen Zeitpunkt gekommen, aber uns würde nicht mehr viel Zeit bleiben. Seine Mutter käme bald nach Hause. Und dann würde sein Bruder ihn nach Augusta zum Drogentest fahren. Er schüttelt den Kopf. Er habe nie Drogen genommen, nicht einmal an einem Joint habe er gezogen, und doch müsse er seinen Nachmittag mit diesem blöden Test verplempern.

»Ich komme mir vor wie ein eckiger Holzpflock«, sagt er. Jeder, dem er begegne, meine, auf ihn draufhauen zu müssen, und versuche, ihn in ein rundes Loch hineinzurammen. Die Gesellschaft erscheine ihm nicht einladender als vor seiner Flucht. Er fürchte, man könnte ihn zwingen, bewusstseinsverändernde Psychopharmaka zu schlucken, und das, obwohl er doch genau wisse, wie das Leben laufe.

Das Einzige, was er möchte, sei, wieder in sein Waldlager zurückzukehren. Aber genau das dürfe er natürlich nicht. Er müsse sich an seine Auflagen – »diesen Kinderzirkus« – halten wie ein abgerichteter Hund. »Bin ich verrückt?«, fragt er mich. Er sagt, er hätte mein Büchervideo erhalten, habe momentan aber überhaupt keine Lust zu lesen. Dann fragt er erneut: »Bin ich verrückt?«

Knight sieht mich an, schaut mir tatsächlich einige Sekunden lang in die Augen, und ich erkenne die Traurigkeit in ihnen. Im Gefängnis kam es mir so vor, als hätte er emotional abgeschaltet. Vielleicht lag es an den unerfreulichen Begleitumständen – die Trennscheibe, die statischen Telefonhörer, das Fehlen jedweder Privatsphäre. Nun aber hat sein Gesicht Tiefe, ist nicht mehr kühl und abweisend. Es wirkt offen, scheint um Hilfe zu bitten.

Um Bande zu einem echten Eremiten zu knüpfen, ist es vielleicht am besten, ihn eine Zeitlang in Ruhe zu lassen. Im Gefängnis dozierte er, schwang er Reden. Nun aber unterhalten wir uns. Eine Verbindung ist entstanden. Wir sind keine Freunde, aber möglicherweise sind wir Bekannte. Indem er mir erzählt, dass ihn niemand verstehe, will er mir vielleicht sagen, ich sei der Einzige, der das könne.

Ich sage ihm wahrheitsgemäß, dass ich ihn nicht für verrückt halte.

Dann, wie um meine Aussage zu konterkarieren, stellt er mir aus heiterem Himmel eine scheinbar willkürliche Frage. »Was denken Sie, wovon ich rede, wenn ich ›die stille Dame der Wälder‹ sage? Ich meine allegorisch.«

»Mutter Natur?«, antworte ich.

»Nein«, sagt er. »Ich meine den Tod.«

Knights Frage war alles andere als willkürlich. Wie sich nun herausstellt, ist der Tod das Thema, das ihn am meisten beschäftigt. Er sagt, einmal sei er der stillen Dame der Wälder begegnet, während eines besonders harten Winters. Alle Lebensmittel waren aufgebraucht, ebenso das Propangas, und die klirrende Kälte war kaum noch auszuhalten. Er lag im Zeltbett, hungernd, frierend, sterbend. Die stille Dame erschien. Sie trug eine dunkle Kapuze, ein weiblicher Gevatter Tod. Sie zog die Kapuze ein Stück zurück, hob eine Augenbraue und fragte ihn, ob er sie begleiten oder ob er im Zelt bleiben wolle. Er sagt, ihm sei klar, dass es eine Art Fiebertraum war, eine Halluzination, ganz sicher sei er sich aber nicht.

Dann erzählt er mir von seinem Plan. Er werde bis Ende November warten, bis es richtig kalt sei, also in rund sechs Monaten. Dann werde er in dünner Kleidung in den Wald verschwinden, werde so tief wie möglich hineinmarschieren, werde sich hinsetzen und der Natur erlauben, sich um ihn zu kümmern. Er werde sich totfrieren. »Ich werde mit der stillen Dame gehen«, sagt er. Er könne an nichts anderes mehr denken. Ihm sei bewusst, in welchem Dilemma er stecke: Falls er die Freiheit suchte, indem er in sein Lager zurückkehrte, würde man ihn einsperren. Er sehne sich nach »endgültiger, Frieden schenkender Erlösung«. Er habe recherchiert und glaube, Hypothermie sei ein schmerzloser Weg in den Tod. »Es ist das Einzige, was mir wahre Freiheit schenken wird.«

Steifbeinig steht er da, die Hände tief in den Hosentaschen. »Etwas Entscheidendes muss sich ändern«, sagt er. »Sonst wird etwas zerbrechen.« Und bei diesen Worten bricht er ab. Er schluckt schwer, sein Stoizismus zerbröckelt, und darunter strömt seine Menschlichkeit hervor. Ich schaue ihm ins Gesicht und sehe, wie ihm Tränen über die Wangen rinnen.

Ich kann nicht anders, ich fange auch an zu weinen. An einem schönen Frühlingstag stehen zwei erwachsene Männer unter einem Fliederbaum und heulen. Knight kann also doch mit einer anderen Person interagieren, und zwar in der denkbar offensten und verletzbarsten Weise. Und dies ist der Moment, in dem ich zumindest annähernd nachvollziehen kann, warum Knight damals in den Wald verschwand. Er tat es, weil die Welt keinen Platz hat für Menschen wie ihn. Er war nicht glücklich in seiner Jugend – nicht auf der Highschool, nicht auf der Arbeit, nicht, wenn er unter Menschen war. Es machte ihn fortwährend nervös. Es gab keinen Ort für ihn, und statt weiter zu leiden, ergriff er die Flucht. Es war weniger ein Protest, mehr eine Suche. Er war ein Flüchtling vor der Gattung Mensch. Der Wald gewährte ihm Unterschlupf.

»Ich habe es getan, weil die Alternative war, zutiefst unzufrieden zu sein«, sagt Knight. »Ich fand einen Ort, an dem ich zufrieden leben konnte.«

Ich denke, die meisten von uns haben das Gefühl, etwas würde fehlen in unserem Leben, und ich frage mich, ob Knight mit seiner Flucht versucht hat, dieses fehlende Etwas zu finden. Aber im Leben geht es nicht darum, endlos nach dem fehlenden Etwas zu suchen, sondern darum, ohne die fehlenden Teile leben zu lernen. Knight war zu lange fort, und ich habe das Gefühl, dass es für ihn keine wirkliche Rückkehr gibt. Er ist hochintelligent, doch das ewige Nachdenken hält ihn weiter im Wald gefangen.

»Ja, ja, hochintelligent«, sagt Knight, »die Intelligenzbestie ist losgezogen, um Zufriedenheit zu suchen, und hat sie gefunden. Sie wäre allerdings gern nicht so dumm gewesen, illegale Dinge zu tun, um diese Zufriedenheit zu erlangen.«

Bei fast jedem meiner Besuche im Gefängnis hatte Knight mich gescholten, weil ich meine Frau und die Cowboys allein gelassen und meine väterlichen Pflichten vernachlässigt hätte, nur um mit ihm zu reden. Ich fand das amüsant – schließlich hatte er es für sich selbst von vornherein abgelehnt, jedwede Form von Verantwortung zu übernehmen –, aber letztlich hatte er recht. Ich sehe ja, wie es ihm geht, und verspüre nur noch den Drang, nach Hause zu fahren.

Für Knight war sein Waldlager der einzige Fleck auf dem Planeten, an dem er sich heimisch fühlte. Zuweilen sah er sich mit unerhörten Beschwernissen konfrontiert, doch gelang es ihm stets, sie zu überwinden. Deshalb war er so lange in seinem Wald geblieben, wie es ihm möglich war.

Er möchte nicht in einem Schuppen hocken und alte Motoren auseinandernehmen. Er hat etwas viel Wertvolleres gefunden, und das Verlustgefühl ist für ihn unerträglich. Ich kann ihn gut verstehen, und doch liegt es nicht in meiner Macht, etwas zu ändern oder ihm den Schmerz zu nehmen. Wir stehen uns gegenüber, Tränen in den Augen. Er wird in den Wald zurückkehren, in sein wahres Zuhause, und sei es nur, um dort zu sterben. »Die Wälder fehlen mir«, sagt er.

Knight fischt erneut die Uhr aus der Tasche, sagt, dass wir uns höchstwahrscheinlich nicht wiedersehen werden. Schon diese eine Begegnung jetzt sei riskant, es geschehe gegen den Willen seiner Familie. Ein weiteres Treffen werde es nicht geben. Wenn er tot sei, sagt er, könne ich seine Geschichte so erzählen, wie es mir beliebt. »Sie sind mein Boswell«, erklärt er. Es kümmere ihn nicht mehr, was man über ihn schreibe. »Ich werde der stillen Dame der Wälder folgen, ich werde glücklich sein«, sagt er leise. »Sie können ja T-Shirts mit meinem Konterfei anfertigen lassen, die können Ihre Kinder dann an der Straßenecke verkaufen.«

Ich schmunzle bei dem Gedanken, versuche nicht wieder loszuheulen. Die Welt ist ein verwirrender Ort, das Leben sinnvoll und sinnlos zugleich. »Es war schön, Sie noch einmal zu sehen«, sagt er. Er führt mich um die Garage herum zum Auto und lässt mich dort stehen. Seine Mutter kehre jeden Moment zurück. »Fahren Sie«, flüstert er. Und das tue ich auch.

28

Nach anderthalb Kilometern fahre ich an den Straßenrand. Er hat mir gerade erzählt, dass er sich umbringen werde, und mir genau geschildert, wie er es anstellen wird. Was soll ich jetzt tun? Die Polizei informieren, seine Familie, einen seiner Betreuer? Trage ich eine juristische oder moralische Verantwortung? Aufgewühlt fahre ich zu meinem Hotel und rufe einige Therapeuten an, um mir Rat zu holen.

Die juristische Antwort ist eindeutig: Eine Person, die ankündigt, sich in sechs Monaten umzubringen, stellt keine unmittelbare Bedrohung für sich selbst dar. Es spielt keine Rolle, dass Knight gewissermaßen das Zeitempfinden eines Baums hat, dass sechs Monate für ihn etwas anderes sind als für uns – ich könnte ihn von der Polizei abholen lassen oder zu einer Klinik bringen, doch würde man ihn dort nicht gegen seinen Willen festhalten.

Der moralische Aspekt ist weniger eindeutig. Nach meinem Dafürhalten meint Knight es ernst mit seiner Ankündigung. Catherine Benoist, eine Psychologin aus Chicago, ist derselben Meinung. »Er erfüllt diverse Kriterien, die ihn als akut selbstmordgefährdet klassifizieren.« Sein Bedürfnis nach Autonomie, fügt Benoist an, erhöhe die Wahrscheinlichkeit noch, denn man könne einen Freitod als die ultimative Unabhängigkeitserklärung betrachten. Thomas W. Frazier, der Leiter des Autismuszentrums in Cleveland, teilt diese Ansicht. »Auf jeden Fall, er ist stark selbstmordgefährdet.« Der New Yorker Psychologe Peter Deri sagt: »Ich würde mir ernste Sorgen um ihn machen.«

Ich liege die ganze Nacht wach, und am Morgen beschließe ich, noch einmal zu ihm zurückzufahren und ihm persönlich von meinem inneren Konflikt zu erzählen. Ich werde es mit ihm ausdiskutieren, denke ich mir, so wie ich es mit einem richtigen Freund täte. Also zurück nach Albion. Kurz vor seinem Elternhaus passiere ich das Haus seines Bruders. Das Garagentor steht offen, und drinnen sehe ich einen Mann an einem Motor herumwerkeln: dünn, Brille, Jeans, Baseballcap. Es ist Chris. Ich fahre heran. Der Mann in der Garage schaut auf.

Es ist doch nicht Chris. Es ist Daniel. Wir sehen uns an, und ich habe das Gefühl, dass mir keine andere Wahl bleibt, als auszusteigen und zumindest hallo zu sagen. Ich greife schon nach dem Türöffner, als ich ein Stück die Straße hoch einen Mann bemerke, der mir aufgeregt zuwinkt. Diesmal ist es wirklich Chris. Verlegen fahre ich weiter, lasse Daniel stehen, ohne ein Wort mit ihm gewechselt zu haben. Kurz darauf halte ich vor der Garage mit der Wetterfahne auf dem Dach.

Chris tritt auf den Wagen zu und bedeutet mir, das Fenster herunterzukurbeln. Ich tue es nicht. Ich steige aus. Er ist extrem aufgebracht – er hat meine kurze Begegnung mit Daniel gesehen und sagt, ich hätte »fürchterlichen Schaden angerichtet«. Knights Miene ist verschlossen. Am Vortag hat er sich geöffnet, nun hat er wieder dichtgemacht. Ich erkläre ihm, dass mich seine Geschichte von der stillen Dame der Wälder ängstige.

»Das Ganze war nur ein Gedankenspiel, nichts weiter«, sagt er wütend. Offenkundig spielt er seine Ankündigung herunter, um mich loszuwerden. »Kehren Sie nach Montana zurück«, sagt Knight. »Die Cowboys brauchen ihren Vater. Verschwinden Sie, auf der Stelle.« Ohne ein weiteres Wort geht er ins Haus, und zum zweiten Mal in zwei Tagen fahre ich aufgewühlt zum Hotel zurück.

Diesmal rufe ich einige Immobilienmakler an. Mir scheint, dass es für einen Mann mittleren Alters nicht gesund sein kann, in seinem Kinderzimmer zu wohnen. Eine winzige Blockhütte mit eingestürztem Dach kostet 16 500 Dollar. Ich frage mich, ob er ein solches Geschenk annähme und was seine Therapeuten dazu sagen würden. Dennoch bräuchte er weiterhin Geld für die Reparaturen und zur Lebenshaltung, und er besitzt nicht einen Dollar. Die in seinem Fall eingegangenen Spenden sind in einen Wiedergutmachungsfonds geflossen, und er hat nach wie vor Schulden.

Knight hat mich explizit aufgefordert, mich nicht in sein Leben einzumischen, deshalb entscheide ich mich gegen den Kauf der Hütte und fliege nach Hause. Ich schreibe ihm einen Brief. »Die Vorstellung, dass Sie mit der stillen Dame der Wälder einen Spaziergang unternehmen, ist mir unerträglich.« Ich erzähle niemandem aus seinem Betreuerstab oder seinem Umfeld von Knights Suizidrisiko, doch ich schreibe ihm beinah monatlich von Neuem, den ganzen

Frühling und Sommer über bis in den Herbst. Ich erhalte keine Antwort.

Im November, dem Zeitpunkt seiner Ankündigung, halte ich es nicht mehr aus. Ich buche einen Flug nach Maine, zehn Tage vor dem Trip unterrichte ich ihn in einer kurzen Nachricht über mein Kommen. Während ich auf dem New Yorker Flughafen umsteige, ruft mich meine Frau an. Knight hat eine Postkarte geschickt. »›Es ist außerordentlich wichtig, dass Sie nicht kommen‹«, liest sie mir am Telefon vor. »›Zeigen Sie mir Ihren Respekt, indem Sie mich in Ruhe lassen. Bitte. Falls Sie hier auftauchen, rufe ich die Polizei. Lassen Sie mich in Ruhe. Bitte.‹« Ich fliege zurück, ohne ihn gesehen zu haben.

Es wird Winter, und ich behalte Knight im Auge. Jeder Anwohner am North Pond, mit dem ich spreche, erzählt, die letzten beiden Sommer ohne den Eremiten seien die sorgenfreisten seit Menschengedenken gewesen. Die Leute lassen die Türen wieder unverschlossen, so wie in der guten alten Zeit. »Es ist einfach vorbei«, sagt Jodie Mosher-Towle, Herausgeberin der halbjährlich erscheinenden Zeitschrift *North Pond News.* »Es ist jetzt Teil der Vergangenheit. Niemand bei uns will noch von dem Eremiten hören, weil … na ja, so ist es eben.« Maloney, die Bezirksstaatsanwältin, schreibt in einer E-Mail, dass Knight weiterhin jeden Montag pünktlich bei ihr erscheine und sich fantastisch mache. So weiß ich zumindest, dass er noch lebt.

Gegen Ende des Winters gibt Maloney bekannt, dass Knight sein Rehabilitationsprogramm abgeschlossen hat und am 23. März 2015 offiziell daraus entlassen wird. Seit seiner Festnahme im Pine Tree Camp sind beinah zwei Jahre vergangen. »Sein Verhalten war vorbildlich«, erklärt Richterin Mills bei der letzten Anhörung. »Er hat sich keinen einzigen Fehltritt geleistet, ist allen Verpflichtungen nachgekommen.« Knight erhält drei Jahre auf Bewährung, in denen er nicht mit Alkohol oder anderen Drogen in Berührung kommen darf, und muss die psychologische Begleitung fortsetzen, jedoch mit weniger Einschränkungen. »Mr Knight«, verkündet Maloney, »ist nun ein Mitglied unserer Gesellschaft.«

Vor Gericht sitzt Knight auf dem Stuhl des Verteidigers, noch immer dünn, frisch rasiert. Aber etwas an ihm ist anders. Er sagt nichts bei der Anhörung, erscheint jedoch fügsamer. Seine Gesichtszüge wirken seltsam träge. In dem marineblauen Pulli mit V-Ausschnitt überm weißen Buttondown-Hemd sieht er aus wie ein Erzieher aus dem Kindergarten.

In einem seiner ersten Briefe an mich beschrieb Knight sich selbst in einem kleinen Reim als »störrisch, eigenwillig, aufsässig in Geist und Gestalt« und komplettierte den Reim mit den Worten »doch wenigstens nicht gefügig, zumindest nicht bald«. Von unserer ersten Begegnung an bis zu dem Tag, an dem er mir seinen Selbstmordplan erzählte, war er voller Aufsässigkeit gewesen.

Nun, vor Gericht, scheint er sich den Dingen gefügt zu haben. Vielleicht ist ihm klar geworden, dass es das Leben unendlich schwieriger macht, wenn man gegen alles kämpft.

Er ist sich des bodenlosen Unsinns bewusst, der die Welt erfüllt, und hat beschlossen, so wie die meisten von uns, ihn einfach zu ertragen, es zu versuchen. Er scheint aufgegeben zu haben. Es ist vernünftig, aber es ist herzzerreißend.

Nach der Anhörung fahre ich noch einmal zum North Pond. Ich parke das Auto am Wegesrand und schlage mich durch den tiefverschneiten Wald zu Knights Lager. Ich bin jetzt zum achten Mal hier. Fünfmal habe ich hier übernachtet, in jeder Jahreszeit. Nun spüre ich, dass der Platz, ähnlich wie Knight, etwas von seiner Lebendigkeit verloren hat.

Kürzlich schickte die Umweltbehörde ein Sechs-Mann-Team und einen Geländewagen, um den letzten verbliebenen Müll zu entfernen. Dabei hinterließen sie mehr menschliche Spuren als Knight in Jahrzehnten.

Jetzt ist es einfach nur eine Stelle im Wald. In ein, zwei Sommern wird man vermutlich nicht mehr erkennen können, dass hier einmal jemand gelebt hat. Ich setze mich auf einen Felsen und versuche, ein paar Sonnenstrahlen abzukriegen, die zwischen den Ästen hindurchscheinen. Es ist bitterkalt, ich zittere. Es kommt mir ziemlich einsam vor hier draußen.

Das moderne Leben scheint dergestalt aufgebaut zu sein, dass wir um jeden Preis die Einsamkeit meiden können, aber vielleicht ist es lohnenswert, sich ihr gelegentlich auszusetzen. Je weiter wir das Alleinsein von uns fortschieben, umso schwerer kommen wir damit zurecht, und umso furchterregender wird es. Einige Philosophen sind der Meinung, Einsamkeit sei das einzige echte Gefühl, das es gebe. Wir leben verwaist auf einem winzigen Felsen in den Weiten des Weltalls, sind umgeben von Abermilliarden Kilometern lebloser Leere, in der es nicht den leisesten Hinweis auf selbst simpelste Lebensformen gibt. Wir sind unvorstellbar allein. Jeder von uns ist in seinem eigenen Kopf gefangen und kann niemals vollständig begreifen, wie eine andere Person das Leben wahrnimmt. Und obwohl wir von Familie und Freunden umgeben sind, stirbt jeder für sich selbst.

Einsamkeit sei die tiefgreifendste Tatsache des menschlichen Befindens, schrieb der mexikanische Schriftsteller und Nobelpreisträger Octavio Paz. Und Rainer Maria Rilke notierte: »…im Grunde, und gerade in den tiefsten und wichtigsten Dingen, sind wir namenlos allein.«

Zu meiner Überraschung erhalte ich einen letzten Brief von Knight. Eine fünfzeilige Elegie auf unsere Beziehung. Er weist mich an, meiner Frau einen Blumenstrauß und den Cowboys Süßigkeiten zu kaufen »als Wiedergutmachung für Ihre Abwesenheit, während Sie in Maine waren«. Am Schluss schreibt er, ich solle mich »ein für alle Mal« von ihm fernhalten.

Wie immer hat er nicht unterschrieben, aber zum ersten Mal hat er ein kleines, mit Buntstiften gemaltes Bild hinterlassen. Ein Gänseblümchen mit roten Blüten und gelber Mitte, am unteren Seitenrand. Zweifelsohne ein optimistisches Zeichen. Ich betrachte es als Hinweis, dass er sein neues Leben – zumindest halbwegs – angenommen, sich angepasst hat und dass er, obwohl er nie wunschgemäß wird leben können, nicht zur stillen Dame der Wälder geht. Für mich ist es ein hoffnungsvolles Zeichen.

Manchmal aber kann ich nicht anders, als mich zu fragen: Was wäre, wenn? Was, wenn Sergeant Hughes nicht so besessen gewesen und Knight nie erwischt worden wäre? Knight sagte mir, er hätte für immer dort bleiben wollen. Er sei bereit gewesen, in seinem Lager zu sterben, dem Ort, an dem er zufrieden war. Nach seinem Tod hätte die Natur das Areal schnell zurückerobert, selbst ohne Aufräumkolonne. Farne wären gesprossen, Wurzeln hätten sich aus dem Untergrund erhoben, und das Zelt und seine Leiche und alles andere auch wäre bald von Pflanzen überwuchert gewesen.

Ich glaube, so hatte Knight es für sich geplant. Er wollte keinen einzigen aufgezeichneten Gedanken hinterlassen, kein Foto, nichts. Niemand sollte je von seinem Unterfangen erfahren, nichts sollte über ihn geschrieben werden. Er wäre einfach gestorben, und auf diesem wuseligen Planeten hätte es niemand bemerkt. Sein Tod hätte nicht die kleinste Kräuselung auf dem North Pond verursacht. Eine solche Existenz, ein solches Leben wäre ausgesprochen perfekt gewesen.

Dank

Für ihre Geduld, ihr Verständnis und ihre Liebe:

Jill Barker Finkel
Beckett Finkel
Phoebe Finkel
Alix Finkel

Für seine eleganten, intelligenten Antworten:

Christopher Knight

Für Input und Gedankenspiele:

Andrew Miller
Michael Benoist
Geoffrey Gagnon
Riley Blanton
Robin Desser
Paul Bogaards
Rachel Elson
Diana Finkel
Paul Finkel
Janet Markman
Mike Sottak
Emma Dries
Bonnie Thompson
Stuart Krichevsky
Jim Nelson
Paul Prince
Max Thorn
Sonny Mehta
Jeanne Harper
Adam Cohen
Ben Woodbeck
Mark Miller
Shana Cohen
Ross Harris
David Gore
Maria Massey

Für diejenigen, die mir geholfen haben,
das Puzzle zusammenzusetzen:

Matt Hongoltz-Hetling
Harvey Chesley
Simon Baron-Cohen
Stephen M. Edelson
Roger Bellavance
Tom Sturtevant
Pete Cogswell
Gerard Spence
David Proulx
Greg Hollands
Debbie Baker
Maeghan Maloney
Fred King
Michael Parker
Bruce Hillman
Lauren Brent
Larry Stewart
John Catanzarite
Michael Seamans
John Boivin
Lena Friedrich
Catherine Lovendahl
Terry Hughes
Andrew Vietze
Catherine Benoist
Thomas W. Frazier
Tony Bellavance
Neal Patterson
Lillie Cogswell
Catherine Lord
Louise Proulx
Garry Hollands
Donna Bolduc
Walter McKee
Larry Gaspar
Rick Watson
Kyle McDougle
Kerry Vigue
Jeff Young
Kevin Wilson
Rachel Ohm
Amanda Dow
Meng-hu
Jim Cormier
Diane Vance
Jennifer Smith-Mayo
Peter Deri
Jill Hooley
Stephen M. Prescott
Martha Patterson
Jodie Mosher-Towle
Carroll Bubar
John Cazell
Brenda Hollands
T.J. Bolduc
Robert Kull
Mary Hinkley
Wayne Jewell
Carol Sullivan
Kevin Trask
Phil Dow
Ryan Reardon
Bob Milliken
Monica Brand
Angela Minnick
Debbie Wright Theriault

Für Freundschaft, Ermutigung und einen letzten Drink:

Dada Morabia	Gabrielle Morabia	Bill Magill
Ian Taylor	Laurence Schofield	Barbara Strauss
Toni Sottak	Larry Smith	Piper Kerman
Jill Cowdry	Lawrence Weschler	Abby Ellin
HJ Schmidt	Martyn Scott	Joshua Willcocks
Randall Lane	Michel Pfister	Emmanuelle Hartmann
Tim Hartmann	Max Reichel	Gary Parker
Tilly Parker	John Byorth	Alan Schwarz
Theresa Barker	Harris Barker	Brett Cline
Arron Bradshaw Cline	Brian Whitlock	Arthur Goldfrank
David Hirshey	Eddie Steinhauer	Pascale Hickman
Tara Goldfrank	Naima El-Bouarfaoui	Adi Bukman
Mohamed El-Bouarfaoui	Carma Miller	Jim Schipf
Jake Werner	Michaela Struss	Ben Struss
Annette Schipf	Marion Durand	Kent Davis
Chris Anderson	Ryan West	Patty West

Über die Arbeit an diesem Buch

Das Kennebec-Bezirksgefängnis gewährt Besuchern in der Woche maximal zwei einstündige Treffen mit einem Insassen. In der letzten Augustwoche 2013 besuchte ich Christopher Knight zweimal – das war, nachdem er mir fünf Briefe geschrieben hatte –, dann zweimal im September und zwei weitere Male Anfang Oktober. Ende Oktober wohnte ich seiner Gerichtsanhörung bei und besuchte ihn danach noch dreimal. Knight ist natürlich die Hauptquelle des Materials, auf dem dieses Buch basiert.

Knight zeigte sich nie besonders begeistert über mein Erscheinen, aber bei jedem unserer insgesamt neun Treffen im Gefängnis unterhielten wir uns stets eine volle Stunde lang mittels altmodischer Telefonhörer. Nach sechzig Minuten schaltet die Leitung sich automatisch ab, beim zweiten Besuch aber hatte Knight sich von seinen Mitinsassen einen Gefängnistrick abgeguckt. Da der Wärter nach Ablauf der Gesprächszeit nicht sofort erschien, um Knight aus der Besuchskabine zu führen, fuhrwerkte er rasch an der Telefonhalterung an der Wand herum – für mich sah es aus wie einer von Knights Einbrechertricks –, und irgendwie gelang es ihm, die Verbindung wiederherzustellen, sodass wir noch ein paar zusätzliche Minuten mit unserem Gespräch fortfahren konnten.

Trotz Knights Verschlossenheit und obwohl er nicht sonderlich erbaut war, mich zu sehen, wollte er also so lange wie möglich mit mir reden. Monate nach seiner Freilassung bezeichnete er mich bei unserem letzten aufwühlenden Gespräch auf dem elterlichen Grundstück als seinen persönlichen »Boswell«, in Anspielung auf James Boswell, den schottischen Schriftsteller, der im 18. Jahrhundert mit *Dr. Samuel Johnson: Leben und Meinungen* eines der bedeutendsten biografischen Werke der englischen Literatur schuf.

Dr. Samuel Johnson ist ein Wälzer – die meisten Ausgaben haben über tausend Seiten. Als ich Knight eröffnete, dass mein Buch über ihn vermutlich relativ schlank werde, wirkte er ein wenig enttäuscht. »Schade. Ich mag dicke Bücher lieber«, sagte er.

Im Lauf von zwei Jahren habe ich sieben Recherchetrips nach Maine unternommen, den letzten im April 2015. Ich habe auch eine Geschichte über Knight geschrieben, die im September 2014 im Magazin *GQ* erschien.

Die *GQ*-Geschichte wurde vom professionellen Faktenchecker Riley Blanton auf ihren Wahrheitsgehalt überprüft, später wurde ein zweiter Faktenchecker hinzugezogen, Max Thorn, der zusammen mit Blanton noch einmal das von mir zusammengetragene Material unter die Lupe nahm. Im Buch werden keine Pseudonyme verwendet; auch sind keinerlei Details verändert worden. Keiner der interviewten Personen wurde eine redaktionelle Mitsprache gewährt.

Bei jeder Reise nach Maine fuhr ich einige Tage lang am

North Pond und Little North Pond durch die Gegend, ging von Haus zu Haus und klopfte wie ein Staubsaugervertreter bei den Leuten an. Ich sprach mit mindestens vierzig Familien, die dort eine Blockhütte oder ein Haus besitzen. Die meisten der von mir befragten Personen sind gebürtige Mainer, die übrigen stammen überwiegend aus dem Großraum Boston, einige wenige Familien leben noch weiter entfernt. Ich wurde von allen Leuten herzlich empfangen, ganz gleich, ob sie Knight mochten oder verabscheuten – einige Familien waren diesbezüglich tief gespalten. Ein paarmal wurde ich gebeten, zum Abendessen zu bleiben, oder ich wurde auf ein Bier auf der Veranda eingeladen oder zu einer Kanufahrt. Alle wollten mir, so schien es, ihre persönliche Version der Eremitengeschichte erzählen.

Bei David und Louise Proulx, denen Knight den winzigen Schwarzweißfernseher gestohlen hatte, war über die Jahrzehnte mindestens fünfzigmal eingebrochen worden, und sie beschrieben mir die seltsame psychologische Wirkung dieser Verbrechen: Anfangs seien sie überzeugt gewesen, eines ihrer eigenen Kinder wäre der Täter, später hätten sie sich ernsthaft gefragt, ob sie womöglich den Verstand verlören. Peter Cogswell, dem die Land's-End-Jeans und ein Ledergürtel gestohlen worden waren, und seine Frau Lillie, die in Texas über dreißig Jahre bei der Justizbehörde gearbeitet hatte, unterhielten sich lange mit mir. Sie beschrieben mir die Details von Knights wiederholten Einbrüchen und sinnierten darüber, welche Strafe für ihn angemessen wäre. Donna und T.J. Bolduc zeigten mir die verschwommenen

Fotos von Knight, die ihre Tierbeobachtungskamera von ihm aufgenommen hatte, außerdem erzählten sie mir ihren Margarita-Witz über das dürre Mädchen.

Garry Hollands war einer der Ersten, die an ihrer Blockhüttentür eine Tüte mit Lebensmitteln für den Eremiten gehängt hatten. Er erzählte mir von den vielen gestohlenen Büchern und dass er an der Tür eine beinah unsichtbare Angelleine angebracht hatte. Wenn jemand die Tür geöffnet hätte, wäre die Leine abgerissen worden, und Hollands hätte gewusst, dass es ein Einbruch war. Debbie Baker erzählte, wie viel Angst ihre jungen Kinder vor dem Eremiten gehabt hätten – es war ihre Familie gewesen, die ihm den Spitznamen »Hungriger Mann« gegeben hatte. Neal Patterson schilderte mir, wie er vierzehn Nächte in seiner dunklen Hütte mit seinem Gewehr auf der Lauer gelegen hatte, um den Eremiten zu erwischen.

Sergeant Terry Hughes erzählte mir stundenlang von seiner besessenen Jagd auf den Unbekannten. Eines Abends nahm er mich in seinem Wagen mit, um seine Fallen zu überprüfen, dann brachte er mich zu seinem Klubhaus und erteilte mir Anweisungen, während ich die erste Bisamratte meines Lebens häutete. Die Polizistin Diane Vance traf sich nach Knights Gerichtsanhörung mit mir, danach telefonierten wir noch einige Male miteinander. Sowohl die Bezirksstaatsanwältin Maeghan Maloney als auch Knights Anwalt Walter McKee gewährten mir Interviews. Niemand aus Knights Familie wollte mit mir reden, dafür äußerten sich Dutzende von Leuten aus Albion, darunter einige von

Knights ehemaligen Lehrern und Mitschülern, ebenso einige langjährige Freunde der Knights.

Bei jeder meiner Reisen nach Maine suchte ich Knights Lager auf. Leicht zu finden war es nie. Man kann gar nicht genug betonen, wie dicht und verwirrend der Jarsey-Wald ist und welches Erstaunen es jedes Mal hervorruft, wenn man aus dem dichten Wald das Lager betritt.

In dem Versuch, Knights Geistesverfassung besser zu verstehen, führte ich lange Telefongespräche und E-Mail-Chats mit verschiedenen Psychologen und Autismus-Experten, und zwar mit Simon Baron-Cohen von der Cambridge University, Catherine Benoist, die eine klinische Praxis nahe Chicago leitet, Peter Deri, einem privat praktizierenden Psychologen in New York, Stephen M. Edelson, dem Leiter des Forschungsinstituts für Autismus in San Diego, Thomas W. Frazier, dem Leiter des Autismuszentrums an der Cleveland Clinic, Jill Hooley von der Harvard University sowie mit Catherine Lord, einer Psychologieprofessorin am New Yorker Weill Cornell Medical College. Stephen M. Prescott, der Präsident der Medizinischen Forschungsgemeinschaft Oklahoma, sprach mit mir über das Wesen von Ansteckungskrankheiten und über die Gründe, warum Knight niemals ernsthaft erkrankt war. Um Erkenntnisse über das Martyrium erzwungener Isolation zu gewinnen, korrespondierte ich ausführlich mit John Catanzarite, einem Gefängnisinsassen in Kalifornien, der fast vierzehn Jahre in Einzelhaft verbracht hat. Außerdem las ich ein Dutzend anderer Erlebnisberichte über Isolationshaft.

Es gibt Unmengen an Literatur über Eremiten. Ich stieg ein mit Laotses *Tao Te King: Das Buch vom Sinn und Leben.* Es folgten *Solitude* von Anthony Storr, *A Pelican in the Wilderness* von Isabel Colegate, *Hermits* von Peter France und *Solitude* von Philip Koch, allesamt Bücher, die einen hervorragenden Überblick über die Geschichte und Motivation der Eremiten bieten.

Einfühlsame und kostbare persönliche Erkundungen der Einsamkeit finden sich in *A Book of Silence* von Sara Maitland, *Party of One* von Anneli Rufus, *Migrations to Solitude* von Sue Halpern, *Journal of a Solitude* von May Sarton, *Allein in den Wäldern: Auf der Suche nach dem wahren Leben* von Howard Axelrod, *Solitude* von Robert Kull, *Pilger am Tinker Creek* von Annie Dillard, *Schmetterling und Taucherglocke* von Jean-Dominique Bauby, *Die Kunst, sich zu verlieren* von Rebecca Solnit, *The Story of my Heart* von Richard Jefferies, *Thoughts in Solitude* von Thomas Merton sowie im unvergleichlichen *Walden oder Leben in den Wäldern* von Henry David Thoreau.

Zu den Abenteuergeschichten und Reportagen, die profunde Einblicke in das Wesen der Einsamkeit bieten und die schönen wie auch schrecklichen Aspekte ausleuchten, gehören *Der verschenkte Sieg* von Bernard Moitessier, *Die sonderbare letzte Reise des Donald Crowhurst* von Nicholas Tomalin und Ron Hall, *A Voyage for Madmen* von Peter Nichols, *In die Wildnis* von Jon Krakauer und *Allein! Auf einsamer Wacht im Südeis* von Richard E. Byrd.

Die folgenden wissenschaftlichen Bücher über die Auswirkung der Einsamkeit auf den Menschen haben meinen Kenntnisstand erheblich vergrößert: *Social* von Matthew D. Lieberman, *Loneliness* von John T. Cacioppo und William Patrick, *Still: Die Kraft der Introvertierten* von Susan Cain, *Geniale Störung* von Steve Silberman und *Eine Anthropologin auf dem Mars* von Oliver Sacks.

Weitere scharfsinnige Gedanken zum Thema »Allein sein« finden sich in *Cave in the Snow* von Vicki Mackenzie, *Leben und Taten des Vaters Antonius* von Athanasius dem Großen, *Briefe an einen jungen Dichter* von Rainer Maria Rilke, die Essays von Ralph Waldo Emerson (besonders *Natur* und *Self-Reliance*) und Friedrich Nietzsche (besonders »Der Mensch mit sich allein«), die Verse von William Wordsworth und die Gedichte von Han-shan, Shih-te und Wang Fan-chih.

Es war mir wichtig, die beiden Lieblingsbücher von Knight zu lesen: *Aufzeichnungen aus dem Kellerloch* von Fjodor Dostojewski und *Very Special People* von Frederick Drimmer.

Die »Hermitary«-Webseite mit ihren Hunderten von Artikeln über jeden Aspekt des Eremitenlebens war eine unschätzbar wertvolle Quelle – ich vertiefte mich wochenlang in die Seite, obwohl ich nicht die Voraussetzungen erfüllte, Forumsmitglied zu werden, das ist ausschließlich Eremiten vorbehalten.

Meine langjährige Rechercheurin Jeanne Harper förderte Hunderte von historischen Berichten über Eremiten und Einsiedler zutage. Mich faszinierten die Geschichten über japanische Soldaten, die nach Ende des Zweiten Weltkriegs noch zwei Jahrzehnte lang auf entlegenen Pazifikinseln weitergekämpft hatten, wenngleich keiner von ihnen mehr als ein paar Jahre ununterbrochen völlig allein verbracht hatte. Onoda Hirōs *No Surrender* ist ein faszinierender Bericht.

Und dann wäre da noch die Geschichte des letzten Überlebenden eines Amazonasstamms. Nach mehreren gescheiterten Versuchen, friedlich mit dem Mann in Kontakt zu treten (einmal schoss er einem Sozialarbeiter einen Pfeil in die Brust), überließ ihm die brasilianische Regierung 2007 ein achtzig Quadratkilometer großes Gebiet im Regenwald. Niemand außer diesem Mann darf es betreten. Mit Tierfallen verschafft er sich Nahrung. Seit etwa zwanzig Jahren lebt er in völliger Isolation. Nun, da Chris Knight wieder ein Teil der Gesellschaft geworden ist, dürfte dieser namenlose Mann – auch der Name seines Stammes ist unbekannt, ebenso seine Sprache – der einsamste Mensch der Welt sein.